新久千映の お酒の お時間です

新久千映
Chie Shinkyu

プロローグ

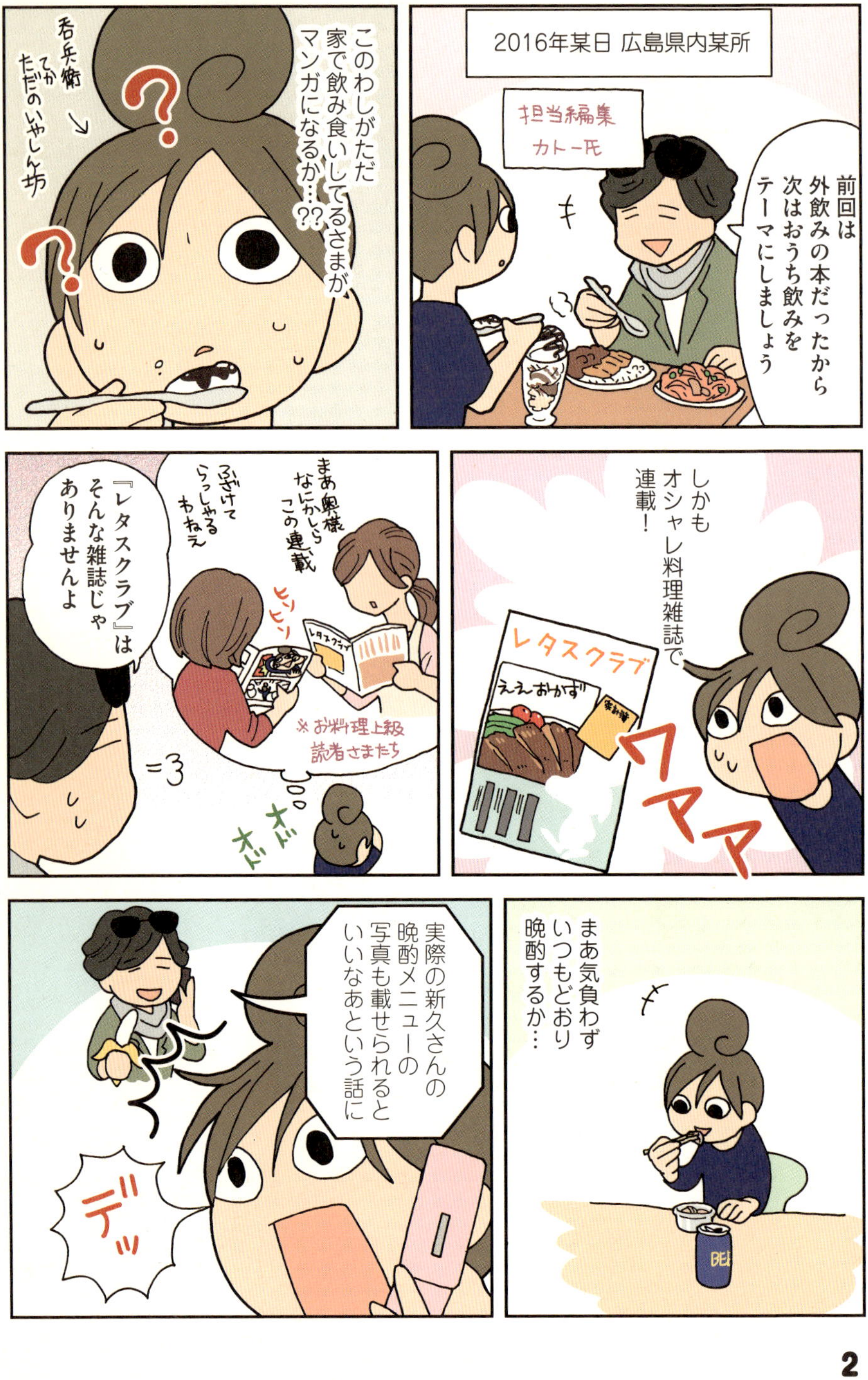
2016年某日 広島県内某所
担当編集 カトー氏
前回は外飲みの本だったから次はおうち飲みをテーマにしましょう
モ
このわしがただ家で飲み食いしてるさまがマンガになるか…??
呑兵衛 てか ただのいやしん坊
しかもオシャレ料理雑誌で連載!
レタスクラブ
ええおかず
ワアア
『レタスクラブ』はそんな雑誌じゃありませんよ
まあ奥様なにかしらこの連載
ふざけてらっしゃるわねえ
ヒソヒソ
※お料理上級読者さまたち
オドオド
実際の新久さんの晩酌メニューの写真も載せられるといいなあという話に
デッ
まあ気負わずいつもどおり晩酌するか…
モ

素テーブル↓
缶づめ直ぐい↓
葉とか…のせてみっか…
家の中のできごとということでツッコミ役は猫です
ラグ
みえっぱり
せん
つぶ
バカじゃねーの!これよりはうちのほうがマシ!と安心するもよし
いいのうこんなライフをリブしてみたい!と憧れるもよし
猫漫画として愛でるもよし
頭から読んでも途中から読んでも大丈夫!
さあ作者のスペシャルどうでもいい家飲みをチラ見してってくだせえ!
そんなひといるわけにゃいでしょ
さあさあ

新久千映のお酒の時間です

もくじ

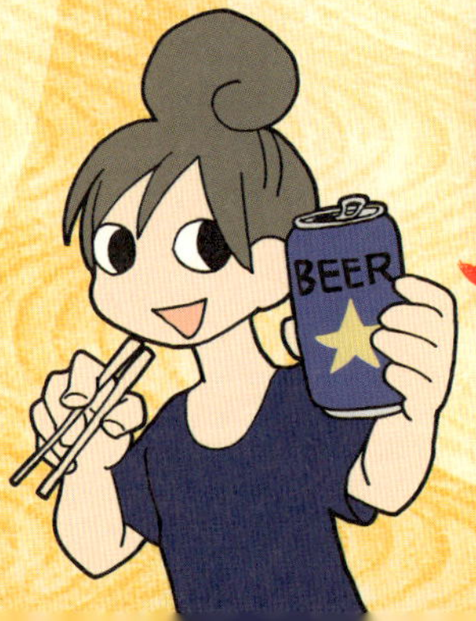

PART4 飲みすぎないための無駄な努力

PART5 年齢と酒の飲み方の変化

PART6 一人飲みを楽しくするマインド

特別編 わが街・広島で飲み上げる♪

PART1
酒飲みの心が躍るとき

生ハム先生、いらっしゃい！

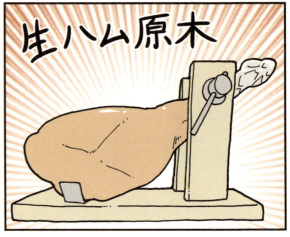

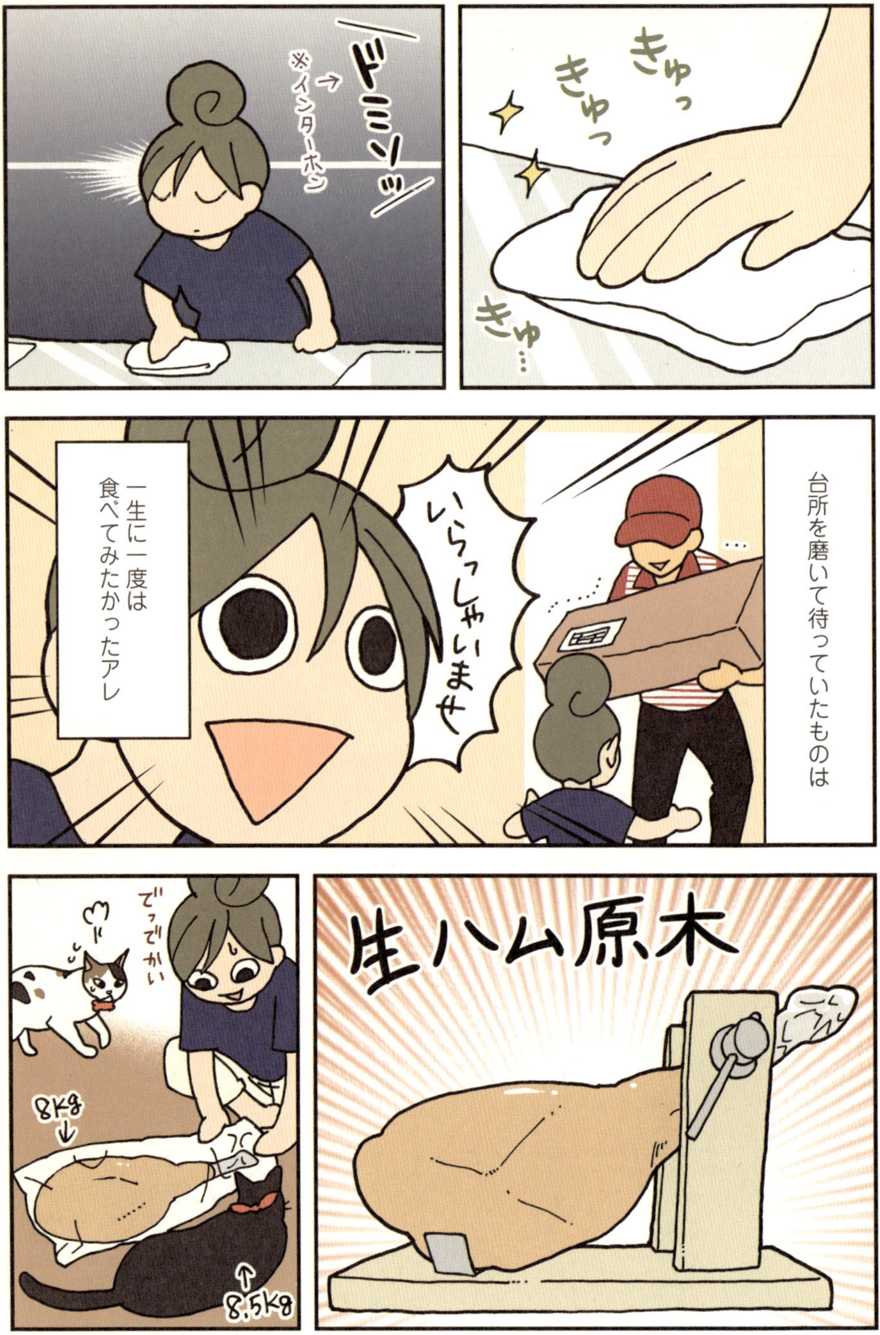

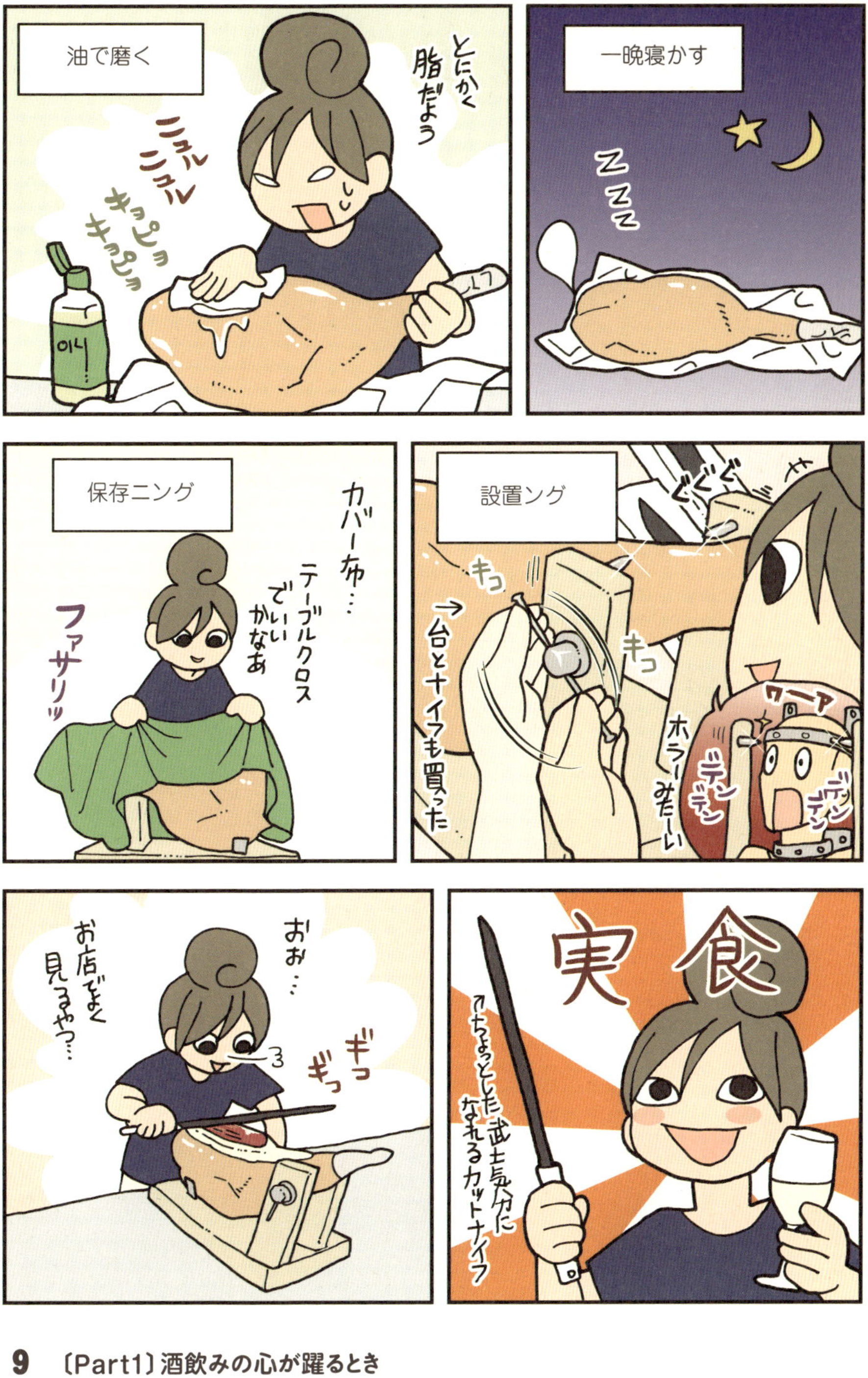

油で磨く
とにかく脂だよう
ニュルニュル
キョピョキョピョ
オイル
一晩寝かす
ZZZ
保存ニング
カバー布…
テーブルクロスでいいかなあ
ファサリッ
設置ング
ぐぐぐ
キッ
キッ
→台とナイフも買った
ホラーみたーい
ワーア
デンデン
デンデン
おお…
お店でよく見るやつ…
ギコ
ギコ
実食
↑ちょっとした武士気分になれるカットナイフ

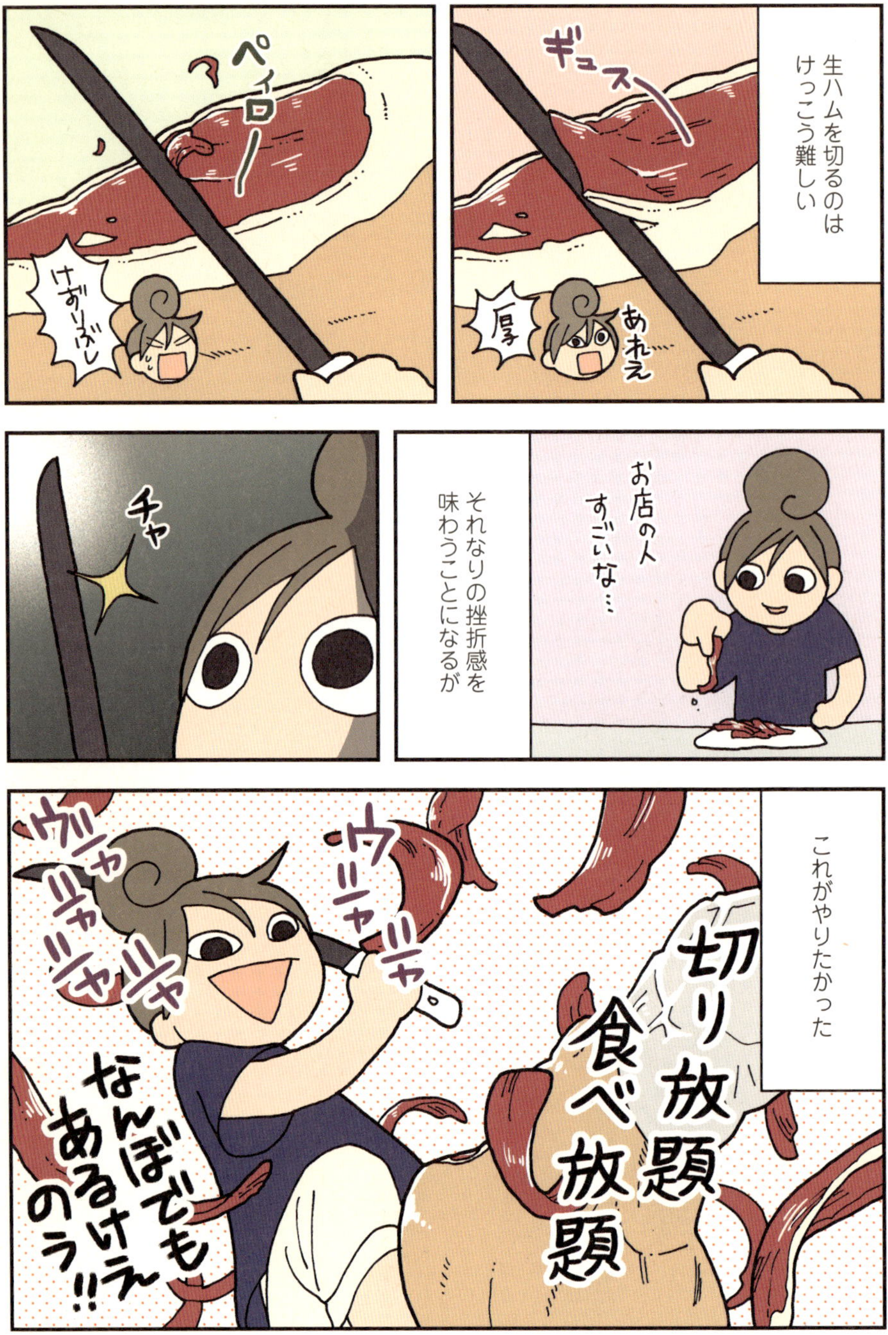
生ハムを切るのは
けっこう難しい
ギュスーー
厚
あれえ
ペイローー
けずりぶし
お店の人すごいな…
それなりの挫折感を
味わうことになるが
チャ
これがやりたかった
切り放題
食べ放題
ウリャリャ
ウリャリャリャリャ
なんぼでもあるけえのう!!

切っても切っても
減らない生ハムという
金で買える幸せ
おうちで食べ放題
それ自体はよい
あ〜
パン
おかわり〜
でも
酔ってナイフを使うのは
できればやめましょう
カット
カット
♪
ザ
カ
ぎゃっ
そ
軽い気持ちで購入し
初めのうちこそ
チヤホヤしていた
生ハムですが…
いいなぁ
家に生ハムが
いるのって…
ウキ
ウキ
お客様扱い
期間が終わると…
ドッ
あぁん
もう

生ハム先生
邪魔です
日々増す存在感
先住ペットとの確執
コラッ
仲よく
しなさいっ
※食べ物とは思ってない
メンテナンスの要求は高く
生ハム様
こちらは
湿気が朋ぅ
ございます
湿気は大敵だが…
ガラガラガラ
ワゴンがべんり
過度の乾燥もNGときた
ぶーん
この
わがまま豚!
一日一度はご機嫌をうかがい
いかが〜
ピレ

乾燥していたら
トリートメント
保湿でござる〜
ペテ
ペテ
オリーブ油
しまいには
持て余し気味に
なったので
自分の
お手入れより
手厚いわ
里親を探すことにした
生ハムパーティー!!
※近所の行きつけのお店
ちえぞうのゆかいな 飲み 仲間たち
(=よってたかって食う)
運搬するもんじゃないと
気づいたが
すでに乗りかかった舟
お…
おまたせ
ハコに
戻した肉
台
お——!!
あまりのデカさに
奥の個室に隔離される
店主

言い出しっぺだから
みんなの分
力尽きるまで
切らなきゃ
と覚悟していたのだが
皆 好奇心旺盛だった
切りたー
ーーい
ハーイ
ハーイ
ハーイ
座敷に鎮座まします
生ハムの姿は
なかなかシュール
ギコ
ギコ
あ～
必然的に
正座
男子が切ったのは分厚く
※外科医志望
※飲食業
てへ
ジャーキー
女子が切ったのは薄い
えへー
そうそう
これこれ

中高年男性の謎の技巧
いやあ おはずかしい…
なぜかめっちゃうまい
いよっ
年の功!!
もうぐだぐだ
ワイン
泡盛
ジャーキー
梅酒
日本酒
ビール
お店で用意してくれた副菜
かにみそ
焼酎
そっと練習する店主
みんなのおみやげ
どのようにして会を閉じたかも定かではありませんが
ゾロ〜
気づいたらソファで寝てた
生ハム氏はちょっとだけスリムになってがぜん健在で我が家におります
あ、ちょっとおやせになりました?
7人で食べまくったもんね…

調理器具で世界征服

まあ…
そんな凝った調理器具を持ってるほうではないですが最近少しずつ増えてきました
料理好きの姉が持ってたスライサー
便利だぜ
べつにいらなくな〜い
包丁で切ればよくな〜い
ダン
ダン
とか思ってましたが
さしみのつま
ふ…ふっとい
そういうのは包丁さばきの達者な人が言うことよ
そこで手を出してみたスライサー
そっ…
シュリ

大根つまも
シュリ
人参ラペも
きゅうりサラダも
思いのまま
シュリ
シュリ
世界は我が手中に!!
バババババ
って気分になれます
また ある日は
CHEESE
え? 今度はパルミジャーノレッジャーノの塊を?
それって一般家庭で買うもの??
おろし金で削ってたけど
なんだかいまいちで
おすそわけもらった
?

思い切って拷問器具のような
チーズ削りを購入
四面それぞれちがう形にけずれる
コナ コナ コナ コナ
贅沢に
パスタ・パルミジャーノ
レッジャーノも
フライの衣に
ふんだんに
混ぜることも!
降らしてやろうぜ!
チーズの雪を!
アハハ
こなーー
ゆきーー
こりゃたのしい
…という
気分になれます

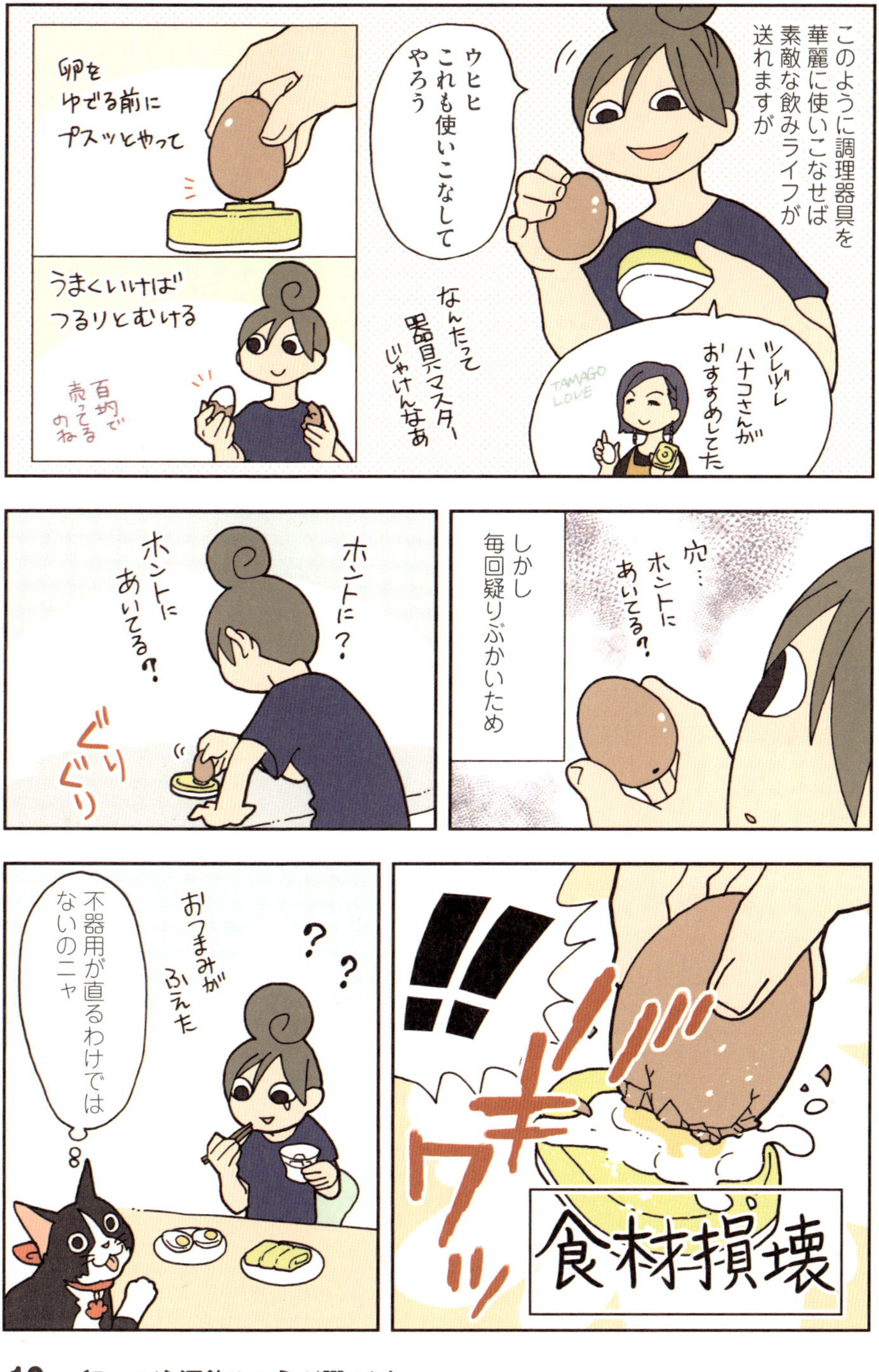
このように調理器具を華麗に使いこなせば素敵な飲みライフが送れますが
ウヒヒ これも使いこなしてやろう
ツレヅレハナコさんがおすすめしてた
TAMAGO LOVE
なんたって器具マスターじゃけんなあ
卵をゆでる前にプスッとやって
うまくいけばつるりとむける
百均で売ってるのね
しかし毎回疑りぶかいため
穴…ホントにあいてる？
ホントに？
ホントにあいてる？
ぐりぐり
!!
ギワッ
食材損壊
おつまみがふえた
??
不器用が直るわけではないのニャ

トリセツ大好き!

エッグベーカー(小)購入
かわいいグヘヘ
して何を作れば…
もともと市販のバーニャカウダソースあっためる用に買った
取扱せつめい書
ピラリ
<調理例>
アンチョビトマトエッグ
アンチョビ
エッグ
トマト
塩こしょう
オリーブ油
私は困ったらトリセツを見るよ!
加熱して火を止めて半熟になるまでフタをして待つだけ。
ほけけ
おふぁー

わ〜い
卵がでかいとたまにふきこぼれる。(大)にすればよかったか
半熟卵が熱々のまま
食べられるってさいこう
白ワインが合うな
カパカパ
安いワインだと
カパカパ飲みすぎちゃうから…
ちょっといいワイン
買ってみた
たいせつに
ジョボボル
のむぞ
うまい！
いいワイン うまい！
カパカパ
うますぎて結局
カパカパ飲むじゃん

ゆで卵カッターに魅せられた結果

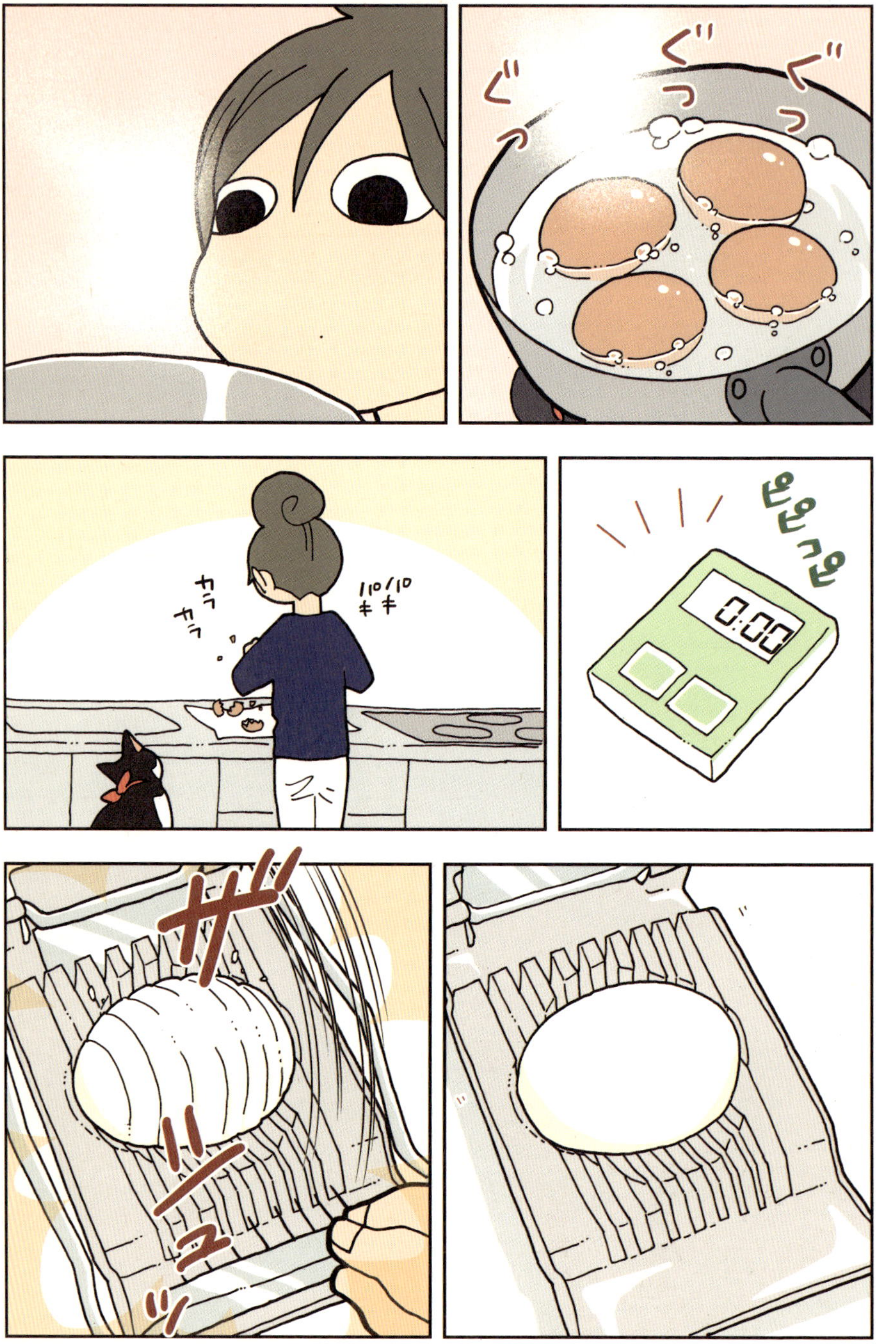

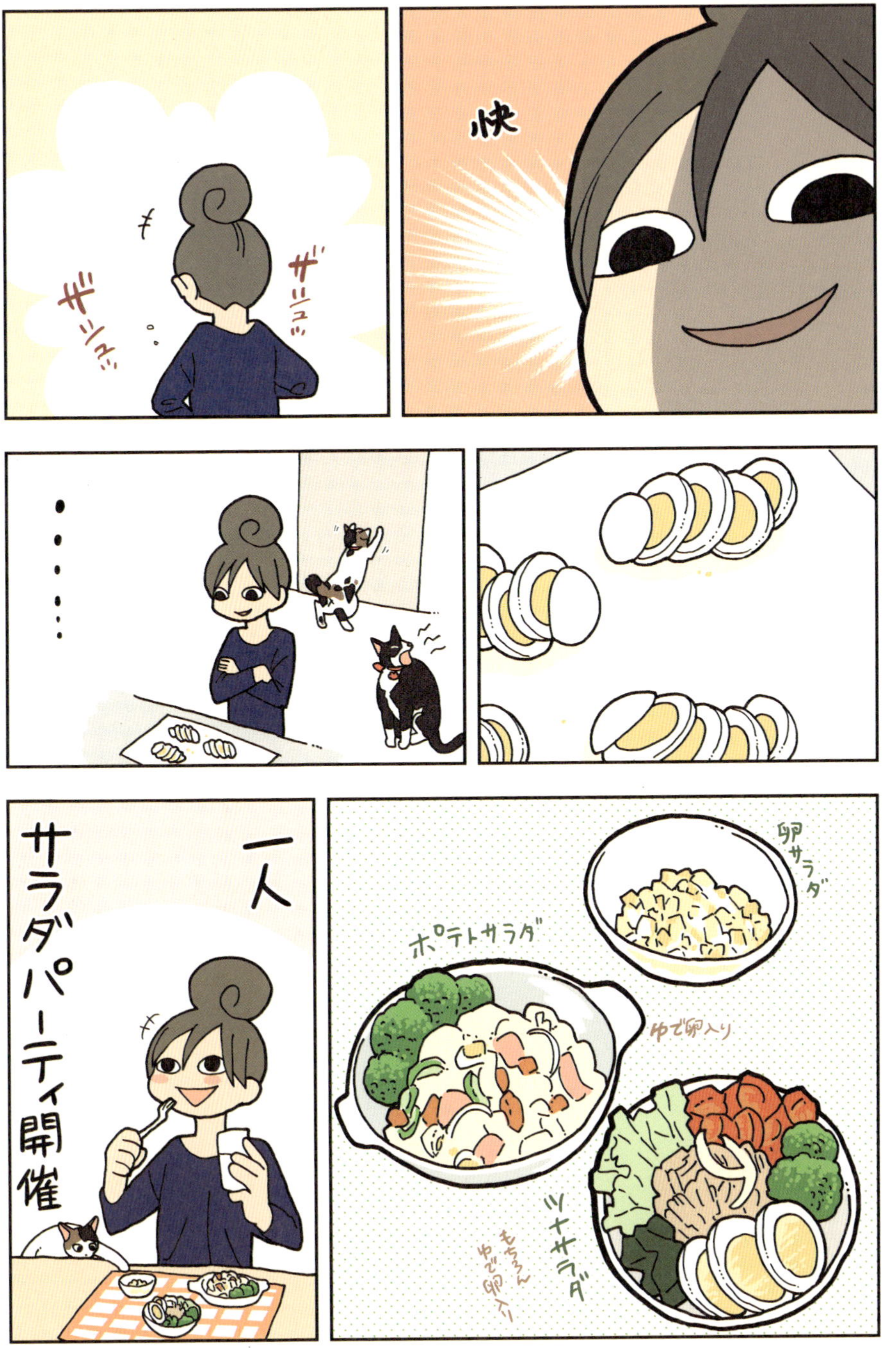
快
ザリュッ
ザシュッ
キ
……
一人サラダパーティ開催
卵サラダ
ポテトサラダ
ゆで卵入り
ツナサラダ
もちろんゆで卵入り

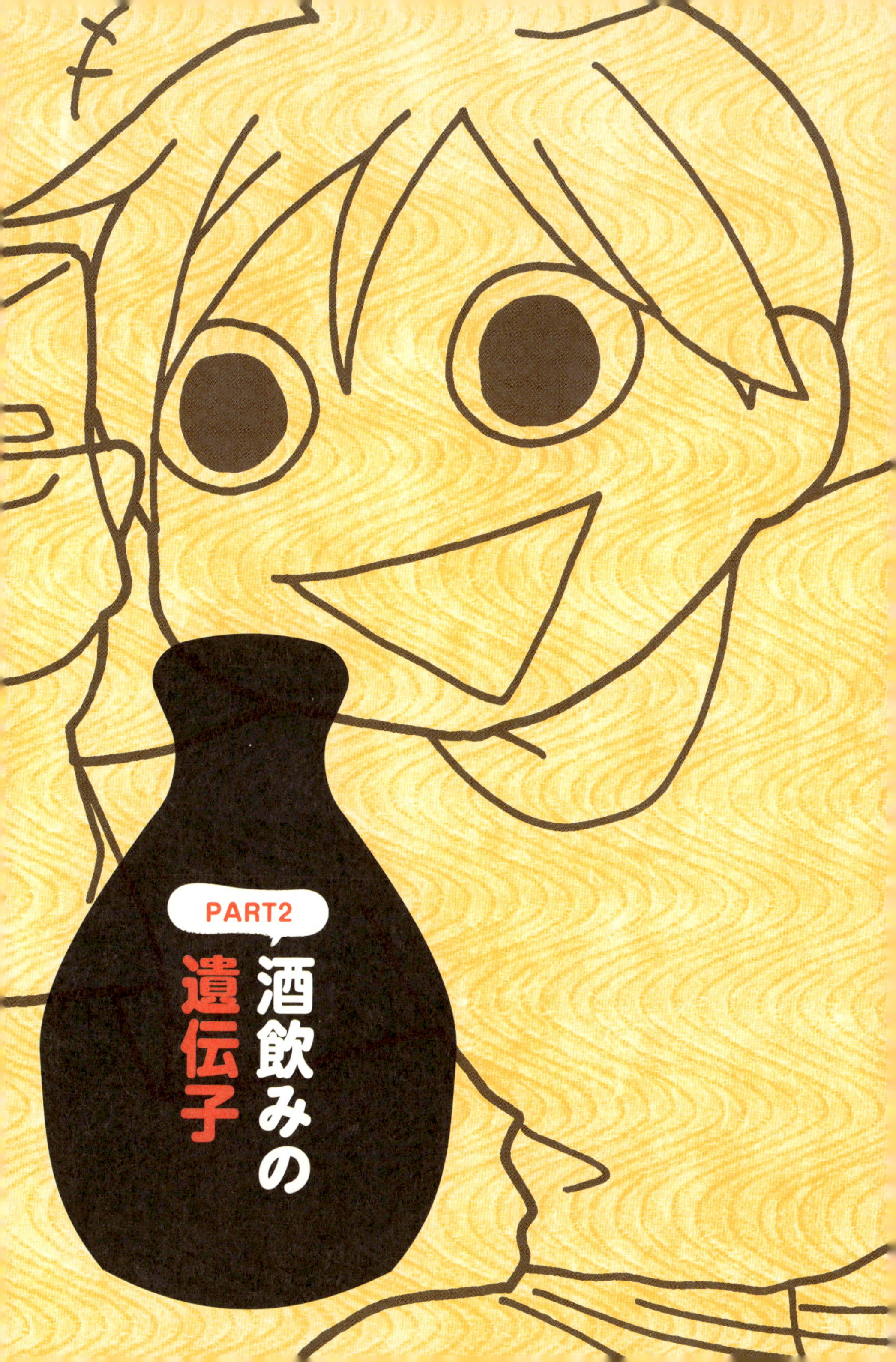

PART2

酒飲みの遺伝子

食い意地も飲み意地も

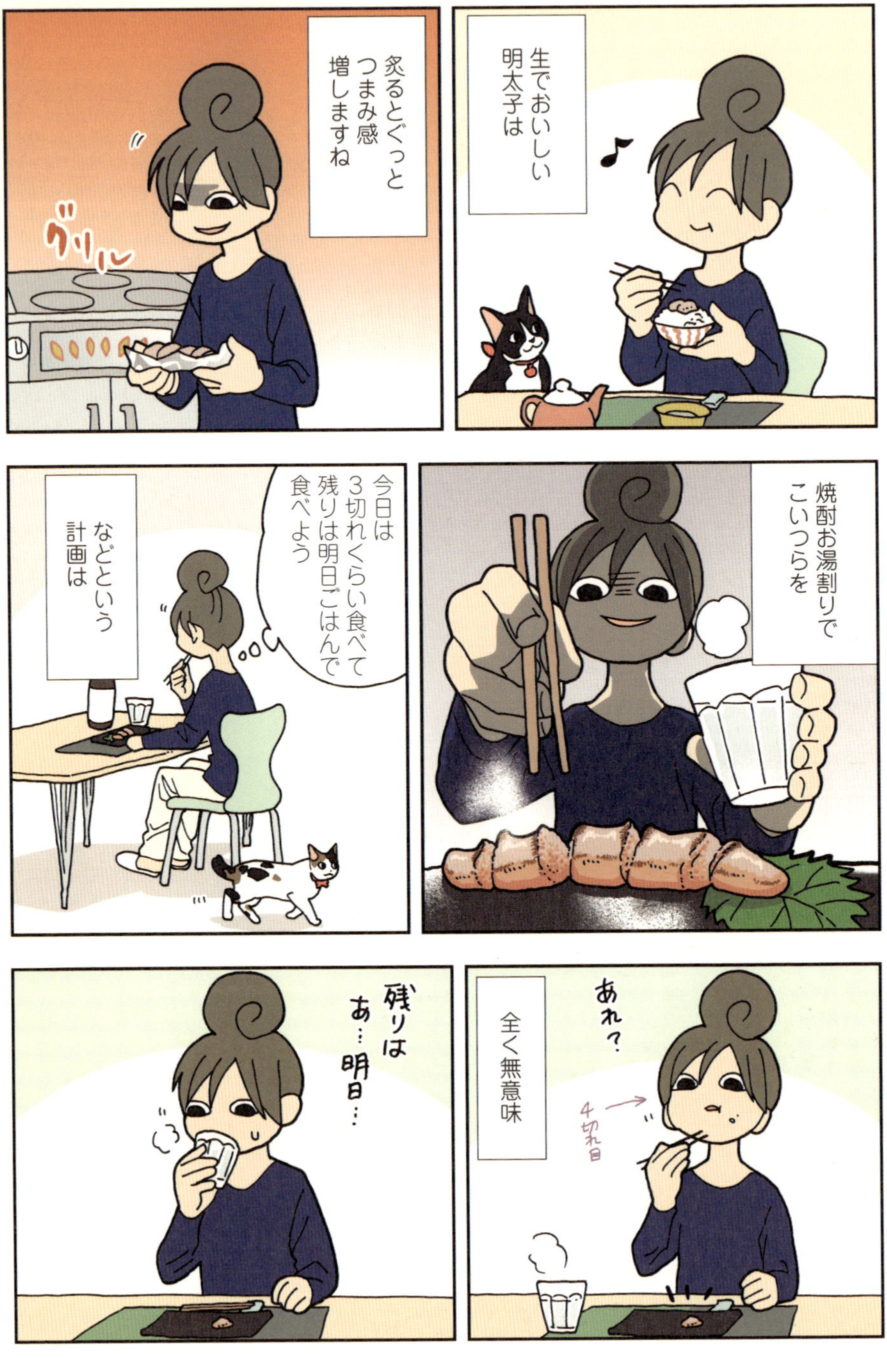
生でおいしい明太子は
炙るとぐっとつまみ感増しますね
グリル
焼酎お湯割りでこいつらを
今日は3切れくらい食べて残りは明日ごはんで食べよう
などという計画は
あれ?
全く無意味
4切れ目
残りはあ…明日…

君を一人にはしないよ…
パク
飲み終えた焼酎の瓶は
水(または湯)を入れてすすいで
ジャー
チャポ
チャポ
水割り(お湯割り)に足すと最後までムダがないよ!
チョロロロロ
いじ汚い?
バーテン経験もあるパパがやってたんだもの!
※いじ汚い人の代表格
いじ汚い猫

マイカーとストック癖の危ない関係

そう わたしは
ストック癖持ち
何でも1つ以上は
予備がないと
落ち着かない
例えば洗剤
ピカピカッと
ピカー
調味料
ジュンターク
しそ
しそ
せうゆ
赤みそ
あわせみそ
おつまみ
こんもり
オリーブ
オイル漬
ナッツ
ドライフルーツ
かんづめ
おつまみ
かんづめ
おつまみ
ビール・日本酒・焼酎・
赤白ワイン・ウイスキー・紹興酒
わい
キャ
キャ
わい
キャ
MALT
WINE
紹興
BEER
ビールは銘柄が大体
決まってるから
通販でケース買い
だけど
BEER
350ml×24
じっくり見て
選びたい
ワインは
直買い
遠くに感じる
近所のスーパー
スーパー
うち
ゼイ
ゼイ
ガチャ
ガチャ

そんなわたしが
生まれて初めて
マイカーを購入しました
実際の色とは
異なります。
さあ ドキドキの
初目的地は…
キッ
車を買ったら
これができる！と何より
楽しみにしていたものは…
ザッ
酒屋に乗りつけて
酒をまとめ買い
ホーーっ
ガチャ
ガチャ

うるおう在庫
恒例の晩酌タイムも潤沢なストックを眺めながらだと進む進む
飲めばなくなるのが酒
カチャ…
そして翌日5コマ前に戻る
「あったらいいな」を叶えるマイカー
車とお酒は切っても切れない好相性！
飲んだら乗るな買うなら乗れるよ飲むために☆

亡き父の遺伝子

おいしそうな食べ物やお酒があるとついついこうなってる作者です
あぁんまた買いすぎたあ
ガチャガチャ
おいしそうでうっかり…
どれだけあっても食べ物と酒を余らすことだけはないですけどね…
平らげるよ
なんでこんなにいやしん坊なのかって?
めんぼくない
それは遺伝子
カッ
家族全員ふつうに飲み食い大好きですが

中でも色濃いのは
間違いなく
亡き父の血統
←ドヤ顔の遺影
外ではいかにも
偉そげな人が――
のしのし
家では
おっ
いかん
いかん
バユャ。
幼少期
こんなこと
してましたよ
もったいない
もったいない
ずー
バユャ。

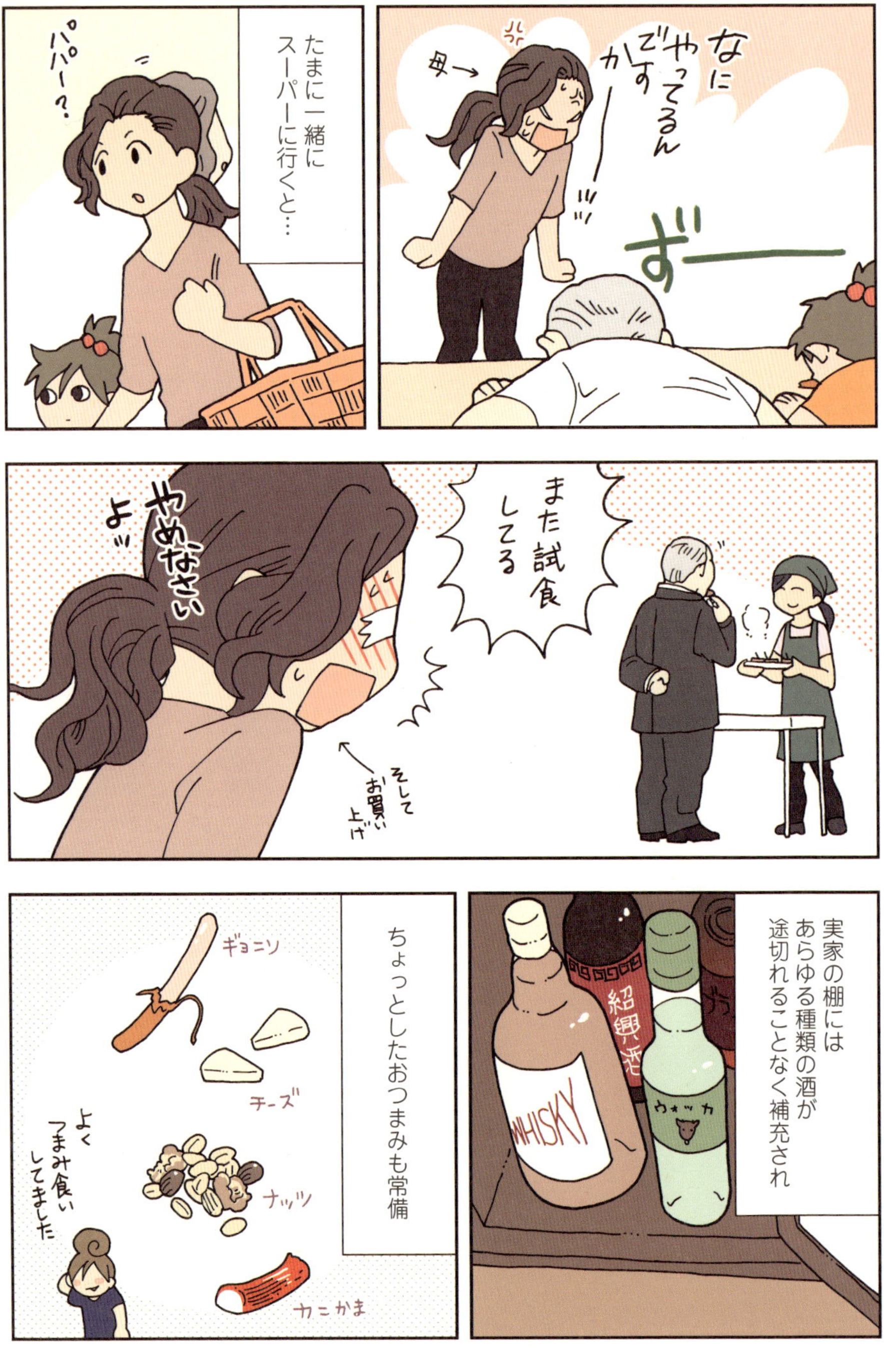

なにやってるんですかーー
母→
ずーー
たまに一緒にスーパーに行くと…
パパー？
また試食してる
やめなさいよッ
そしてお買い上げ
実家の棚にはあらゆる種類の酒が途切れることなく補充され
紹興酒
WHISKY
ウォッカ
ちょっとしたおつまみも常備
ギョニソ
チーズ
ナッツ
カニかま
よくつまみ食いしてました

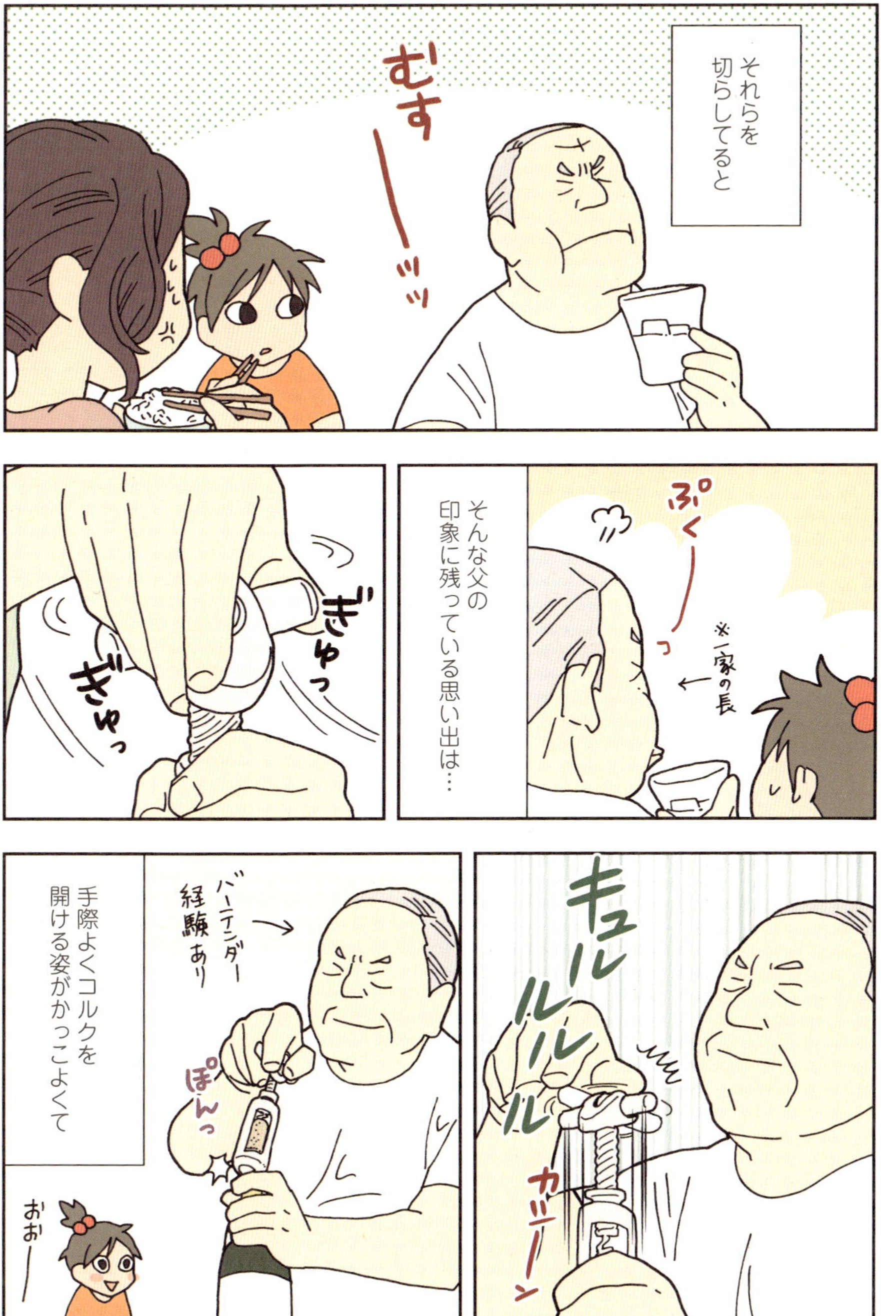

それらを切らしてると
むすーーッッ
そんな父の印象に残っている思い出は…
ぷくーーっ
※一家の長
ぎゅっ
ぎゅっ
手際よくコルクを開ける姿がかっこよくて
バーテンダー経験あり
ぽんっ
おおーー
キュルルルルル
カッラーン

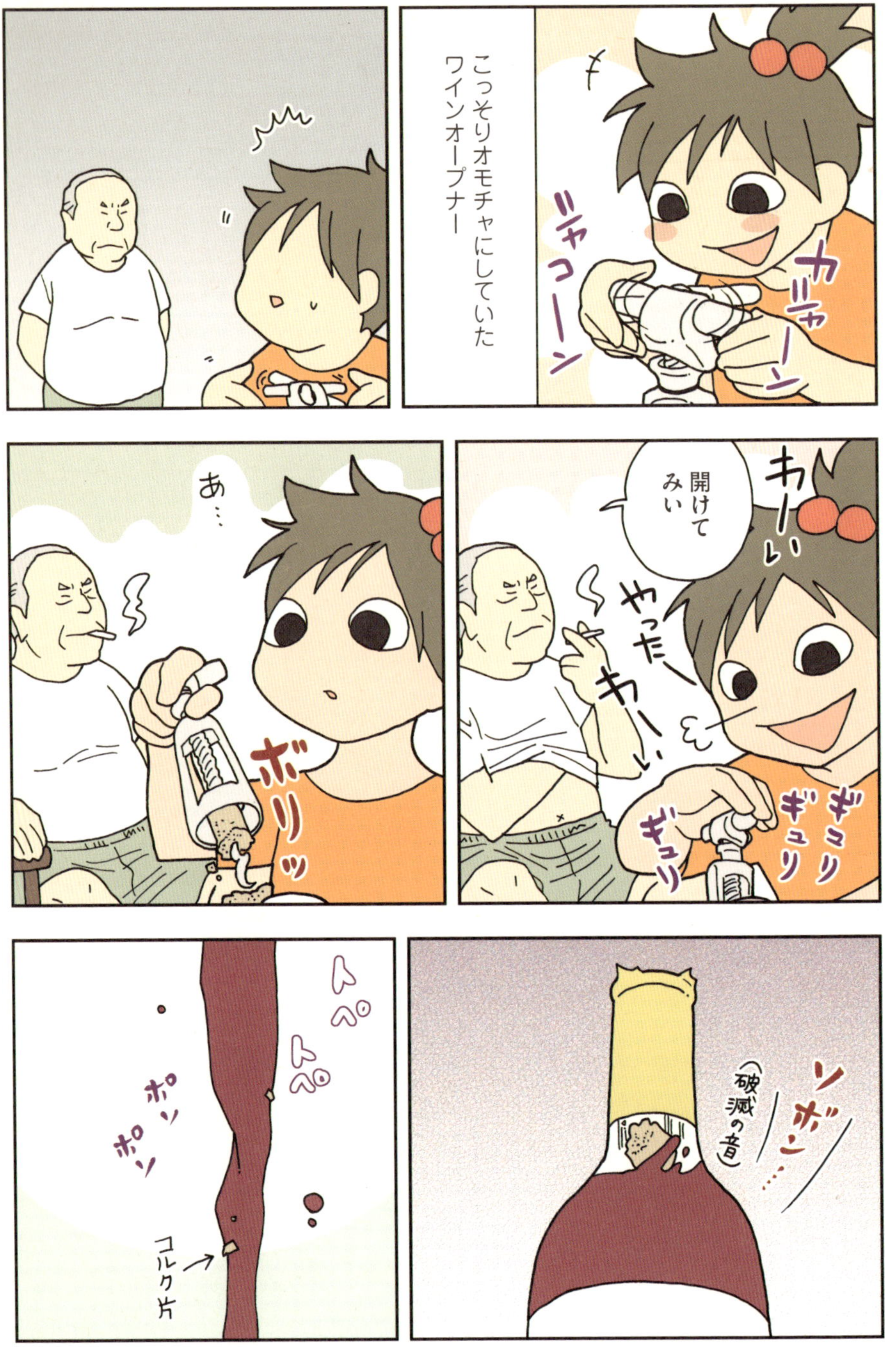
こっそりオモチャにしていた
ワインオープナー
カシャーン
シャコーン
開けて
みい
わーい
やった、わーい
ギュリ
ギュリ
ギュリ
あ…
ボリッ
スポン…
(破滅の音)
トペ
トペ
ポツ
ポツ
コルク片

いいワインなんじゃけどのう
こうすりゃあええのよ
・・・・
ポン
ポン
茶こし
このときの父の忍耐と見守りが今日《こんにち》のちえぞうを育んだのだ
何本ダメにしたことか…
そろそろ自分で開けれるようになってよ
ちょっと聞いてる??
パパがやってくれてたんですもの
プン
弊害も…笑
いまだに開け方を覚えようとしない母
おかげで大人になってからもコルクのワインを苦としなくなったのはありがたい
のおぜ!
100均のコルクぬき
ぼりっ
ポン
ポン

その物欲は徐々にグレードアップし
ちょっと安物はむずかしいナ〜？
近所のスーパーで
¥1,200
ハ〇ズで
¥4,000
ついにデパートで全く同じの買っちゃったよ
やっぱりこの感触…
グルルルル
¥12,000-
バーテンダー経験を活かしたまにカクテルを作ってくれた父
シャシャシャ
ドゥ・ドライマティーニじゃ
す…
惜しい…
つまようじ
味はおいしかったよ。
ジュボ
カチ

トプン…
ブランデーグラスを傾ける姿もサマになって…
ゴロ ゴロ ゴロ
兄の友人
お前のとーちゃんかっこええの～
下着姿とブチ猫でかっこうつける父
007的なのを目指してたと思われる
けんぱーい
パパ見てるか――――い?
今日も飲んでますよ!
パパの血は脈々と受け継がれているからね!
おつまみストック
デブ猫
チビ猫
酒棚

PART3
酒をめぐる冒険

缶詰めトラップ対処法

仕事詰まって
フラフラ
〜〜
何もかも
めんどくさい…
でも酒は飲む
おつまみストッカー
もうなんでもいい
芋焼酎のロックで…
ありとるから
…
…?
缶詰めも焼酎も
おいしいのに
なぜだか いまいち
飲み物を冷酒に
替えたところ…
これだよ
さばの風味が
いやらしいまでに
香るよ!
ドンチャン
しごとは
だめにゃんげん
このように
おつまみにぴったりの
お酒が選べれば
さらに楽しい思いができます

こちらは先ほどの
さばと同じ
種類なので
日本酒に合いそう
缶つま
Smoke
K&K
イメージ写真
キャッほう
今日も
日本酒飲むぞ〜ー
この味は
どちらかと言えば
〝洋〟——
ワインに
替える…？
あるよ
でも今日は
精神的にすっかり
日本酒だったのに

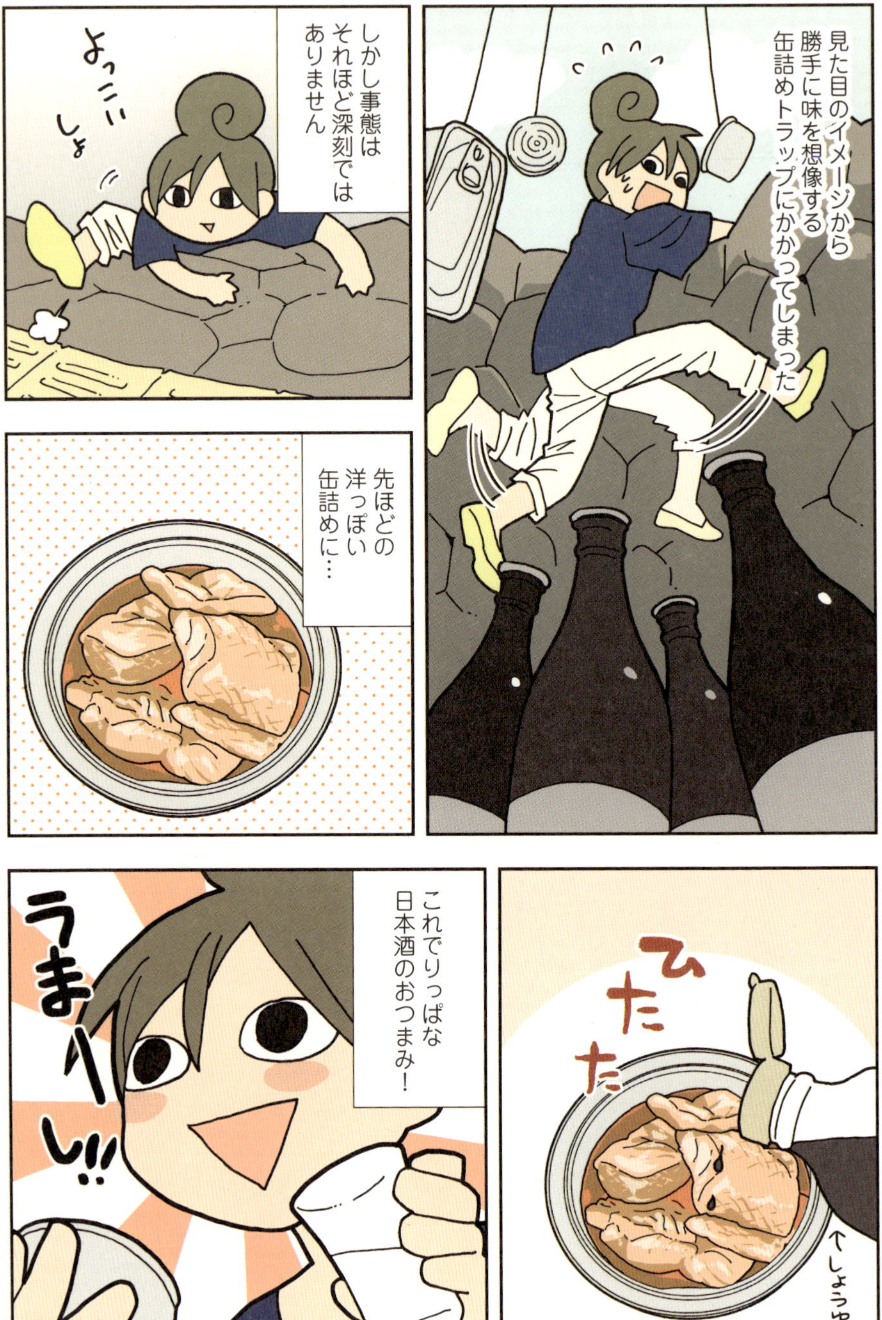
見た目のイメージから
勝手に味を想像する
缶詰めトラップにかかってしまった
しかし事態は
それほど深刻では
ありません
よっこいしょ
先ほどの
洋っぽい
缶詰めに…
ひたた
しょうゆ
これでりっぱな
日本酒のおつまみ！
うま〜し!!

ここで一句
オイル漬け
醤油かけたら
和惣菜
逆もあるよ！
和惣菜
オイルかけたら
洋食に
それ以来
キュッ
味を知った缶詰めには
書き込んでいます
これで
間違いナッ！

煮汁の残り、どうしてますか?

確かにどうせ濃い味
だし魚のダシもむしろ
いい味になるかもしれん!
煮魚に添えた豆腐もあまってる!
ポン
しかし
ひき肉もねぎも
ない我が家
ガラーン
ほんとになにもないね
ひき肉→天かす
ネギ→玉ねぎでいいだろ
しょうが
にんにく
お好みで山椒
炒めて
骨があるから一回濾そっと
ジャー
味つけはいつもの中華セット
オイスター
中華
みそ
おみそ
しょうゆ
ナンプラ
など
豆鼓《トウチ》ならなおよし
←グルメ漫画みて買った
煮汁入れて豆腐入れて
火ィ止めたら
水とき片栗粉で
ごま油!!
完成
てきとうね
ちょうやすあがり
紹興酒に合う
エセ本格中華
しびびびび
←さんしょ
いやあ
残りもんで
作った
わりには
酒が
進まぁ
も
しびびびび

【外飲み編】知らない街で酒場クエスト

から味処

住 新宿区新宿2-10-5第六天香ビル1F
☎ 03-3352-8155
営 18時～（23時LO）
休 日曜（三連休中日は営業）

ビールだけで4種類！
日本酒
日本酒もすげっ
燗酒もあこがれのスタイル
サメナノイ
ポイント⑤
お酒のラインナップが好みの場合は
料理も口に合う確率が高い
アボカド天！いぶりがっこオムレツ！モンゴル餃子！
ラム肉
工夫して作られた創作メニューはそりゃあおいしいけど…
定番のメニューも一定数混じってるから安心するね
・唐揚げ
・ポテトサラダ
・たたききゅうり
・ニラたま
ポイント⑥
個人店のメニューの多さは努力の証
手堅く行きたい夜もトライしたい夜も満足
カラーン
ただいまっ
搬入口?!
店主　松沼さん

これまで畑に…熱心ですのう
いやあ 他人と時計がずれてるだけです
夜型で…
直販を回るうちに自分の納得いくものを出すには自分で作るのが一番だという答えが出て…
畑にいると時間を忘れて作業しちゃいます
当店のにんにくはすべて青森産を使っています
お刺身は提供してから一時間以内におめしあがり下さい
なるほど…このお店は松沼さんのおいしさの追求飲み食いへの愛の形なんですな
週の後半はもっとメニュー増えますよ
ヒヘー
化け物か
〆に麻油麺
よく混ぜて食べます
太麺♡
すごく辛いので辛味噌は調節しながら混ぜてくださいね
はーーい
ぐりぐりぐりぐり
ゴーーー
ポイント∞
お店のかたの忠告はききましょう

憧れの「本レシピ」

Ⓒ西条真二

『月刊ドラゴンエイジ』にて、『鉄鍋のジャン！』の続編となる『鉄鍋のジャン！2nd』が連載中＆単行本①②巻発売中！

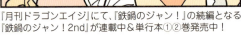

あとは
〈想像〉
鶏肉とレンコンを
いつもの中華セットと
ココナッツミルクで炒める
中華マニアだから
ジャー
ジャー
オイスターソース
オイスター
中華だし
中華
ナンプラーも
ナンプラ
しょうゆ
しょうゆ
できた
ココナッツミルク入れる前に
電話かかってきて、
すごくしっかり炒まった。
結果的に
それがよかった。
これ…
エスニック…？
中華…？
ホカ
ホカ
飲み物で迷ったら
焼酎!!
あっついうちに
食べようぜ
うんうん
焼酎が
濃厚な脂を
さっぱりさせて
合う合う
ホフ
ホフ
ちなみに
人生で最初の
あこがれ「本レシピ（?）」は
昔話の
「うしかたとやまんば」で
やまんばが食べていた
丸ごと生魚です。
これじゃあ
ない…
おさしみを
買ってきて
くれた祖母

きてます、巻きブーム

おこんにちは
新久です
憧れの人のレシピを参考にすると
毎日の食(酒)卓が豊かになりますよな
お料理界に彗星のごとく現れ
ツイッターやインスタで
大人気のツレヅレハナコさん
tamago Love
とあるご縁で
意気投合するに至りまして
バッハハハハ
↑猫好き
作りたくなるレシピ満載の
『女ひとりの夜つまみ』に登場する
「焼き春巻き」にどハマり
おお… これなら私にもできる
女ひとりの夜つまみ
生の野菜を巻いて揚げ焼きにするだけ
ジュー
日々買い込む春巻きの皮
かわコーナー
あ、2袋買ってた
まぁいいや♡
日々のつまみの中で
余った食材を
切れチー
しそ
ギョニソ

とりあえず巻いて
まきまき
片栗粉
焼いてみた
ジュウー
うまーい
うまい
あブブ
発泡
さらにハマりにハマり
これは?!
これは?!
いろいろ試しています
アスパラやオクラ
しいたけ
生のままでOK!
天かすを入れるとほどよく油気が!
みそなど
豚肉
キャベツ
タケノコ
えびなど
+
中華味
好きな材料を チンして
水溶き片栗粉で
とろみをつけて巻くと
ふつうの春巻き風に!
オイスター
しょうゆ
中華
ちょっと応用Ver.
ハナコ先輩の本には冷凍するといいって書いてあったし
なんぼ作ってもえがろう
まきまきまき
今や我が家の常備菜
冷凍庫が
春巻き大富豪です!

ツレが欲しい

プ飲み

ツレヅレハナコ

離れ離れに住むけれど、お酒や料理の趣味が合う者同士、語らいたい夜もある。それを可能にしたのが、ビデオ通話を介す「スカイプ飲み」。その極意を一人飲みの達人2人が、身を挺して教えます！

ツレヅレハナコ
お酒と料理と一人飲みをこよなく愛する食の編集者。簡単レシピが好評。著書に『女ひとりの夜つまみ』（幻冬舎）など。東京都在住。

かぶった生ハムのサラダ。お酒のつまみの趣味は似ています。

極意1

ビデオ通話で家自慢 会話を一気に盛り上げろ！

——東京組はスタッフを含め3人。一方、広島組は新久さんオンリー。時間を合わせてスカイプ飲みをスタート！

ツレヅレ(以下ツ)：お久しぶりです。この前、広島に行ったとき新久さんの仕事が忙しそうで会えなかったら、今日はこうして一緒に飲めてうれしいです。

新久(以下新)：私も！　まずは再会を祝してかんぱーい！

ツ：あれ？　新久さん、もうすでにでき上がっていませんか……。

新：待ちきれなくて、フライングしちゃいました(笑)。

ツ：画面の前に、おいしそうなものが並んでいますね。

新：いつも家飲みって、1品くらいしかおつまみを作らないんだけど、今日は見栄を張っていろいろ作ったんですよ。これは生ハムのサラダと……あ、これマンガに描いた原木を使っているんですよ。実物見ます？（と、奥からワゴンを押して原木を画面の前まで持ってくる）。

ツ：わははは。本当に原木だ、原木〜！　こっちも生ハムを使った柿のサラダがあるけど、原木生ハムには負けるなぁ。あ、後ろに（飼い猫の）つぶちゃんとせんちゃんが見える。しかも、つぶちゃんが、カーペットの下にもぐりこんでいる！　画面で様子が見えるから、まるで新久さんのおうちに行って飲んでいるみたい。けっこうスカイプ飲みって楽しいね。

新：今、私、東京とつながっているんだぁって思っちゃう。楽しい！

ツ：うちの中も見ます？　案内しますね（と、タブレット端末を持ち歩き、キッチンや廊下など家の中をご案内）。

——ビデオ通話でプライベートな空間をさらすことになるので、怪しいビデオなど見られて困るものは隠しておきたいですが、逆にいえば見せたいものを自慢するチャンス。「インスタ映え」ならぬ「スカイプ映え」するものをあらかじめ用意しておくと会話が盛り上がります。飼い猫や生ハムの原木お披露目、お部屋へご案内など、エンタメ感を演出すると同時にリアルな生活感を伝えましょう。これでつかみはOKです！

極意2

画面の向こうにいる 相手に敬意を払うべし！

——原木トークなどで、距離をグッと縮めた2人。話が盛り上がったところで、ツレヅレさん追加の料理を投入。

ツ：できました！　ちくわとチーズの磯部揚げです。ハッ、私、4本揚げてるし！（ツレヅレさんの横にいた編集K、「こ、これって陰膳じゃないですか？」と突っ込むと「では新久さんと一緒に食べてるつもりで、ありがたくいただきます〜」と、お手手のシワとシワを合わせて食べ始める）。

新：わ〜おいしそう。私のぶんまでありがとうございます……って、こっちは食べられないんですけど！　あはは（対抗して、自分のつまみをおいしそうに食べ始める）。

ツ：今日は、新久さんの地元で人気の。「瀬戸内れもん味イカ天」も用意したんですよ。広島のこれ、おいしいよね。

——ツレヅレさん、さすがです。これこそが大人のたしなみ。離れているからこそ相手を思い、陰膳を用意する（死んでもないし、旅にも出てないけど）。そして相手のご当地おつまみを片手に、その土地に思いを馳せる。おいしい料理やつまみも手伝い、酒はぐいぐい進みます。

帰らなくていい、終わりなきスカイプ飲み。かれこれ6時経過……。ちなみに、編集Kのタブレット端末の待ち受け画面は壇密。スカイプが不通になるたびに壇密が出てくるサプライズもあり。

家飲みだけど そんな夜は… スカイ

新久千映 ×

新久千映
マンガ界を代表する、女ひとり飲みオーソリティ。どんなに仕事が忙しくても、家飲みは欠かさない生粋の呑兵衛。広島県在住。

極意3 飲みすぎによる突然のシャットダウンに要注意

——家飲みの安心感とおいしい料理と女子トークで、酒がぐいぐい進む2人。酒もうっかり進み、時間も分からないほど前後不覚に……。2人、そろそろヤバイです。

新：そろそろワイン1本空け終わります〜。

ツ：新久さーん、パソコンのモニターの前に座っているんですよね。照明の関係で、後光が差して見えて、マリア様と飲み会しているみたい……。こ、ここは天国？（完全に酔いが回っている模様）。

新：あはは、家飲みって気楽ですよね。お店で飲むのも好きだけど、家飲みは好きなものを自分のペースで飲めるのがいい……。

ツ：自由さがあっていい、自由が。

新：あっ！（ガシャーンと箸を落とし、画面からフェイドアウト）。

ツ：あれっ？　新久さんが、消えた…。し、新久さーん。

——このあとツレヅレさんもトイレに行ったまま撃沈し、会はお開きに。ひとり飲みの世界を広げる「スカイプ飲み」、年に数回は気の合う仲間とトライするのもいいですね。でも楽しくて飲みすぎるから注意ですぞ。

新久さん分の「ちくわの磯部揚げ」は、スタッフがおいしくいただきました！

お皿右の「瀬戸内れもん味イカ天」を片手に、広島の思い出を語る面々。

さかな
TEA

PART4

飲みすぎないための無駄な努力

意図的に〆るには

もともと好きではあるんですよ
一日やめてたのに
とあることがきっかけでまた飲《や》り始めましてね…
ちゃんとだしを取って作ったみそ汁
ほけけ
け…
なに大したきっかけじゃないんですよ
上京して一人暮らしを始めた頃はちゃんと作ってたんだけど
広島に帰ってからはなぜかずさんな暮らしに憧れてみそ汁とは疎遠になっていたんです
晩酌を適量でやめようと思っても…
今日はこれだけ!

結局 足りなくて
酒をつぎ足しては
飲みすぎる
始末でした
すでに不適切な量
…
そんなある日
〆がわりにみそ汁を
作ってみたら…
おっ
あったかいみそ汁がおいしくて
これ以上酒を飲もうという
気が起きず
無理にガマンすることなく
平和的に飲みすぎが防止
できたんですよ！
酒ぁもーいーや
こんなわけでぜひお試しください
「飲みすぎ防止にみそ汁」
みそ汁のお話は
『ワカコ酒』8巻にも載ってるよ☆

魅惑の「ながら飲み」

こんばんは！
ご覧のとおり
仕事中でござい
家では仕事しか
してないので
ゆっくり飲めないことが
多いですが
夕食にお酒は
欠かせないもの
どうせ飲むなら毎回
楽しく過ごしたく
さんざめく心
できれば
手のかからない
つまみを作って
DVDなんか観ながら
一杯やれたら
最高ですがな
アヒージョが出てくるドラマ観ながら白ワイン飲もうっと
TVもってないのでDVDプレーヤー
今日はスキレットで
えびとキノコのアヒージョ（簡易）
スキレットは
冷めないし
そのまま食卓に出せるし
うまいこと火が通るんだぜ

インチキアヒージョ
オリーブオイルと塩とニンニクだけ!
濃い塩水で解凍してね
冷凍むきえびでもしいたけでも本しめじでもなんでもいいんだよ
弱火で火が通るまで煮るだけ
手で食べられて長く楽しめるつまみならDVDに最適
ながら飲み&ながら食い
こういう飲み方は
バゲットもってないから食パン
ひったひたのぐつぐつの
あ、おわっちゃった
キュルッ
まだアヒージョあるしもう一話観よっと
は-おいしかったー
ぷしゅー
仕事に戻らなきゃ
でも…こんどはDVDがおわってないし…
コレ観おわるまでは飲んでいいよ
だよね
ジョボボボボ
むしろ観おわるまで飲んでないとね
即席ルールが誕生しちゃいます
お気をつけて

飲みすぎ防止の試行錯誤

試行その1
つまみの量を決める
欲望のままに飲んで食って
肥え太る夜より
「もうちょっと飲んで食べたいな」
をこらえて落ち着いてる夜の
達成感 充実感
チラ
チラ
どうしても
もうちょっと飲みたいときは
一旦お皿を洗ってみよう!
案外飲みたい気分が落ち着くよ!
面倒なお皿を洗ってしまえば
あとは

洗い物の少ない簡単つまみで飲み直し
チャ
ダラダラ
モギ
試行その２
酒の量を決める
これダメ
あっダメ!
失敗
ブブー
結局問題はつまみじゃなくて酒そのものなんだよね
わかりきっとるやないか
日本酒の場合
ちびグラスで量制限だぜ!
フフン

チマ
チマ
まだまだいいだろ
ジャー
ジャー
ちびグラスだと大して飲んでない気分になりついつい過ごしてしまう
ダメ
焼酎の場合
割れるものは
うすくすれば大丈夫
カラン
水
もう一杯
ドビビビビ
もーロックでいいや
グビビビビ
うっすこれ
あらっ？
しまいにストレート
・・・
だんだん濃くなるだけ
ダメ
ウイスキーの場合
うすいウイスキーなんて
ヘッ
そもそも濃い
ダメ

こんなことだからダメなんだよ!!
一杯なら一杯だけ！と決める！
ひた…
一杯は一杯だよね…
おぎょうぎわるーい
こぼれワインだよ
ブッブー
いじきたなすぎて
失敗
つまみや酒の量がどうとかじゃなくてダラダラしちゃうのが問題なのでは？
試行その３
時間を決める
スマートにすますのだ
→時間を区切っている

早めに飲み始めれば
早めに飲み終わると思う！わたし！
あ…
れ…？
ダラダラ
先がよめるってのよ
いや〜
0時回るとさすがに罪悪感があるけどさ
逆に0時まではいくら飲んでもいいやって気になっちゃうんだよね
へへへへ
早く始めるとかえって長時間飲んでしまい
失敗
ブッブクブー
わたし気づいたの
飲み食いが好きだけどそれ以上に
できるだけ長くこの状況を味わいたいと思う自分に…
「たくさん食べたい」んじゃなく
(たくさん食べてるけど)
「飲み食いしてる」という行為」を終わりたくないの！
分かるかな!?
この機微!!
帰ったら遠足が終わっちゃう！帰りたくない！みたいな

カタ
カタ
これまでどれほどの時間とお金と代謝をムダにしてきたの？
うう…
考えると怖い…
ま 人生 ただ楽しい おいしいっていう ムダがあってもいいんじゃない
たいていがムダ
全てに意味を見出さなければいけないなんて
ぷしゅ〜
息が詰まるものね
ザッ

呑兵衛は
飲んでもいい理由を
いつも探している
今日は
お祝いだから
本日発売
仕事を
がんばったから
あのおつまみ
開けちゃったから…
明日は
資源ごみの
日だから!
これ空けないとね
しょうがねえなあ
全くよう
↑すごいいいこと思いついたと思ってる
もうちょっと
飲みたいときに
お湯沸かして
お茶を淹れる自分で
ありたいと思います…
頼みの綱の みそ汁でも
飲めるように
なっちゃったからね…

BEER

PART5

年齢と酒の飲み方の変化

お疲れの胃のいたわりレシピ

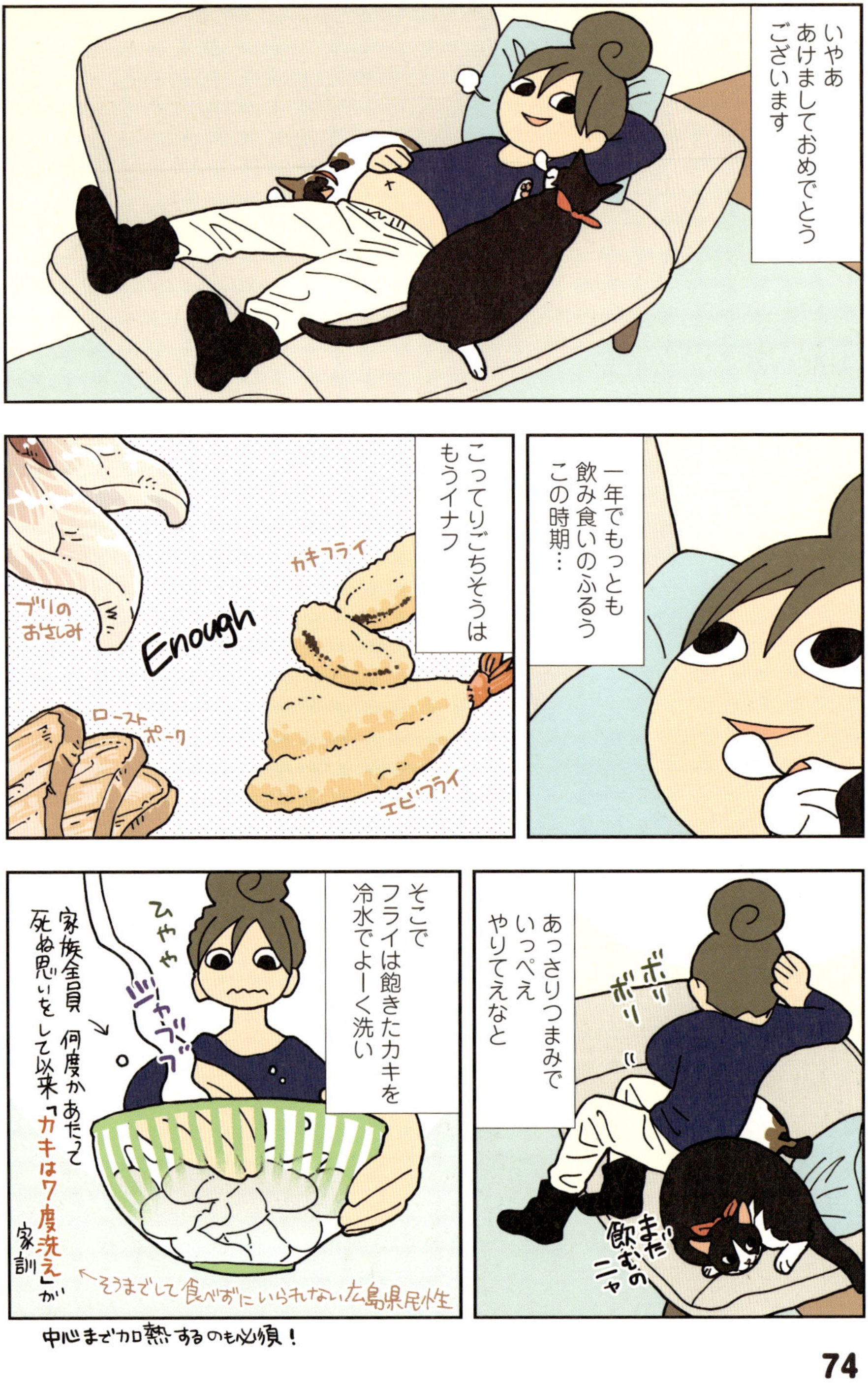

中心まで加熱するのも必須！

鍋に
だしこんぶ カキ
酒
ジョヴォヴォ
ニラ使っても
心が痛まない
ヤツにしよう
蒸す
ほふ
ほふ
あとは
醤油とレモンなどを
かけて食べるだけ!
ふっくーら
わーい
どうです
簡単でしょう
というわけで
今年もよ・ろ・酒《しゅ》・く
メ
そっ……

お酒でダイエット?

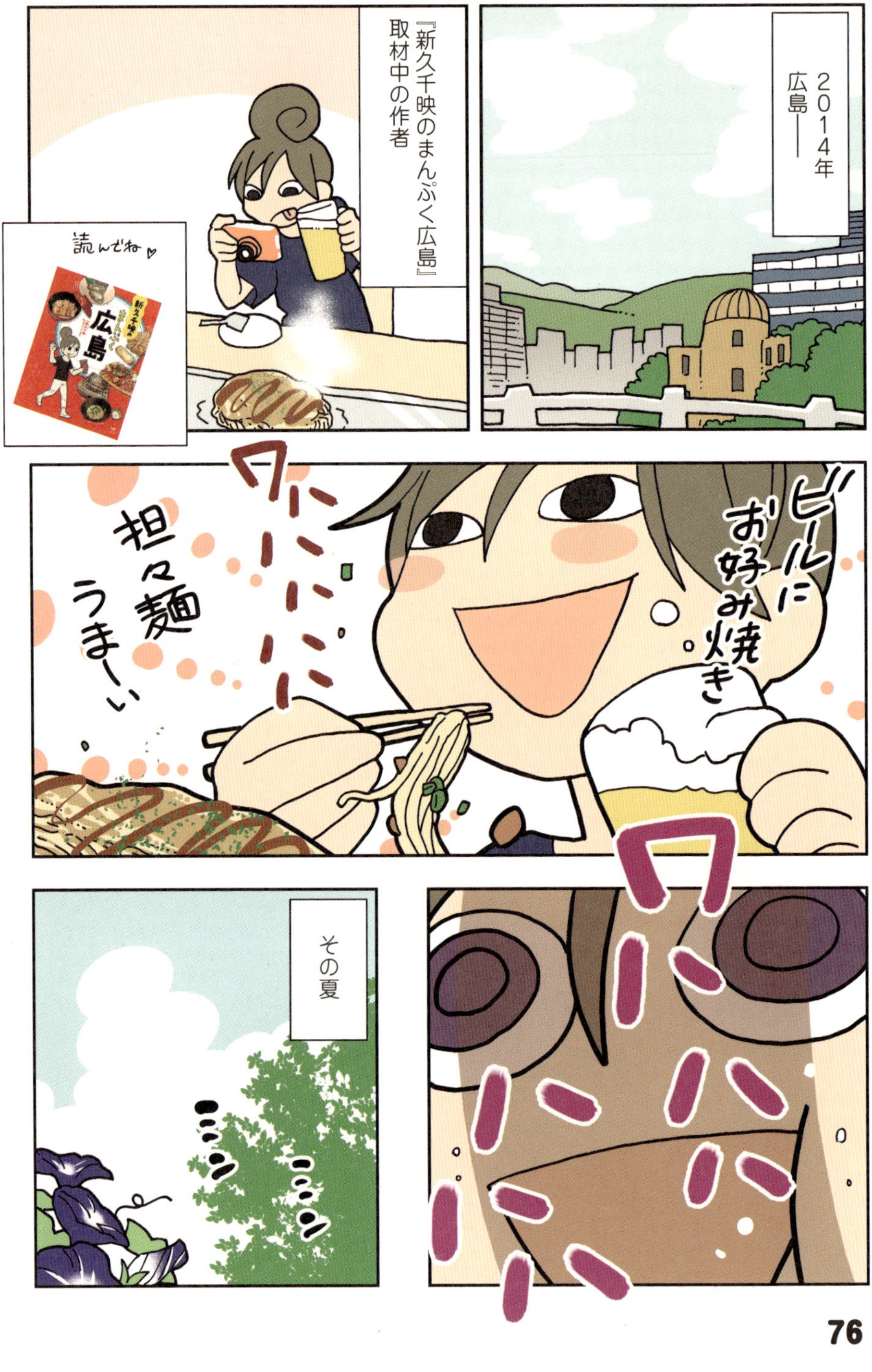
2014年
広島――
『新久千映のまんぷく広島』
取材中の作者
読んでね♡
広島
ビールにお好み焼き
担々麺うま〜い
ワハハハハ
ワハハハハ
その夏
ミーンミンミン

ちえぞうは
体重計が壊れた
と思ったという
え…　おかしい
基本体重はいつも
51kgだったんだよ
マジで信じてなかった
へんなのー
こんなに
あるわけ
ないや
着替えよー
ビッ
肉体はかく語りき
!!
?!!
ワ?ワ?ワ?
太って
ズボン裂いてる
場合じゃねえし
ダイエットを決意

しかしいきなりダイエットったって…
お酒やめられないしい
酒
逆に考えるんだ！酒を使えばできるはず！
やったらあ
厳守すべき鉄則はひとつ！
ローカロリー食材で食べ出があり酒に合う品
大根グラッセ
コンソメとバターと塩で一ノ。
白ワイン
納豆のりはさみ焼き
水溶き片栗粉でカリカリッと
日本酒
芋焼酎
こんにゃくステーキ
馬刺しのタレで食べるとうまい！
しめしめ
あんまガマンする気はない
この作戦の欠陥としては酒がエンドレス
※意志弱ぞう
あと賞味期限が近く食べてしまわなければいけないおつまみの存在を思い出したとき、これ以上ないくらい顔とセリフが合ってない
しょうがないなあ
が出ますけどそれはまあ戦士の休息ってことで。

ともあれ こんなふうに「飲み」を主体にしてゆっくりつまんでると
けっこう満腹になるもんよ
つまり右脳と目と手しか使わない中年女に必要なカロリーはこれだけってことよ
そして2017年現在――
-3kgまでは達成しました…
3年かけて
たったの3kg
成果はゆるいけども少なくとも糖質オフが習慣づいてよかったね!
続けようっと
お酒の糖質はノーカウント!
…

酒の失敗あれこれ

いやぁ
お互い
進みます
なぁ
担当編集カトー氏
じつは同い年
なんだよね
わたしたち
S55年生まれ
この年になると
さすがに酔って
人様に迷惑を
かけることも
なくなりましたね…
若い頃は
よくなかった
ね…
東京に住んでた
20代の頃飲みすぎで
帰りの電車で
吐き気が
こらえられ
なくなって――
途中の駅で降りたら
トイレはすごく
混んでたんだけど
すみません
すみません
わたしの様子を見て
察した人たちが
波のように引いて
順番を譲ってくれてね…
ザー

そりゃー迷惑ですね
さいてぇー
あとはもっと若い頃友達の家でタコパ中に…
みんながおしゃべりしてる中
アハハ
ははは
一人で怖いテレビ番組に夢中
ドキドキドキ
ドキドキドキ
ひた…ひた…
アハハ…
酒も入って勝手に恐怖と緊張が限界に達した瞬間
友達の小さな悲鳴に連動して
わっ
カチ
力の限り叫んでしまって
おギャーーー
きゃっ
↑その声に驚いた友達の悲鳴

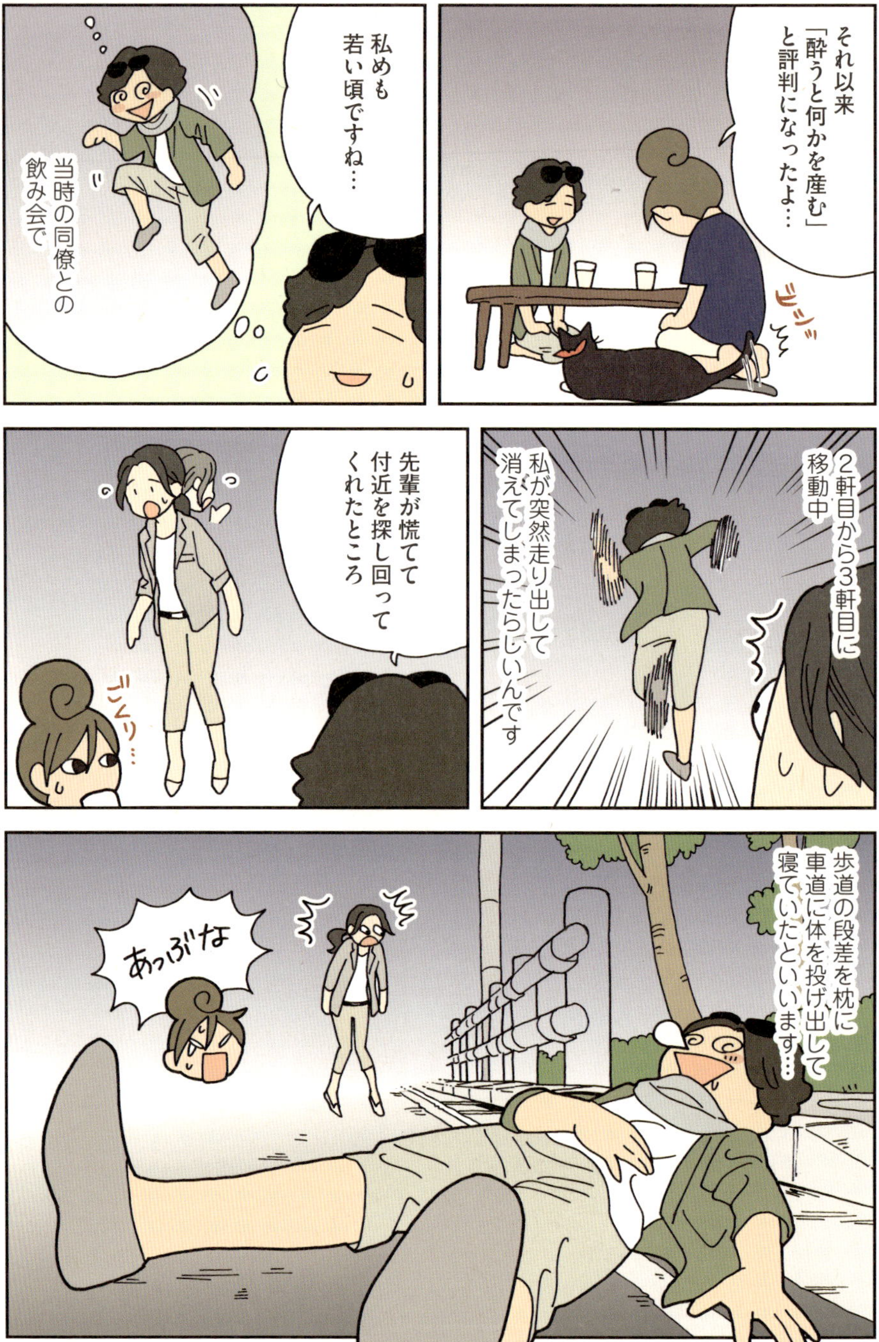
それ以来
「酔うと何かを産む」
と評判になったよ…
ビシッ
私めも
若い頃ですね…
当時の同僚との
飲み会で
2軒目から3軒目に
移動中
私が突然走り出して
消えてしまったらしいんです
先輩が慌てて
付近を探し回って
くれたところ
ごくり…
歩道の段差を枕に
車道に体を投げ出して
寝ていたといいます…
あっぶな

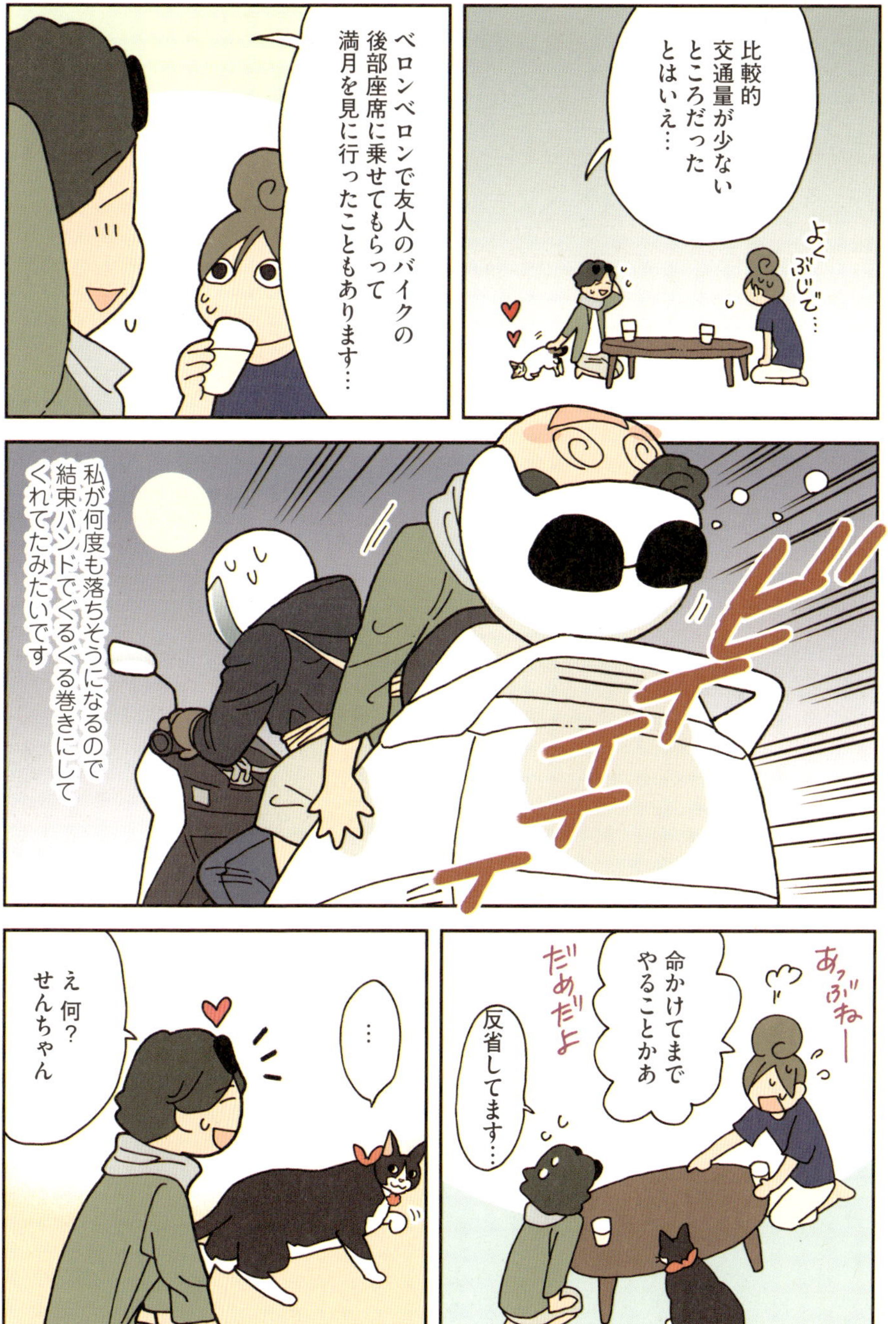
比較的
交通量が少ない
ところだった
とはいえ…
よくぶじで…
ベロンベロンで友人のバイクの
後部座席に乗せてもらって
満月を見に行ったこともあります…
私が何度も落ちそうになるので
結束バンドでぐるぐる巻きにして
くれてたみたいです
ビィィィィ
あっぶねー
命かけてまで
やることかぁ
だめだよ
反省してます…
…
え何？
せんちゃん

※運転手はもちろん飲んでいませんが
それでも危険なので絶対、絶対やめましょう。

懺悔室
反省するニャ
あ、あ
パッ
?!
酔っぱらった
ちえぞうさんに
迷惑をかけられた
ことがあります…
それも
つい最近…

き…近所に住む女子大生ちゃん?!
飲み会で一緒に飲んだ翌日のことなんですけど…
そう 彼女とは何度か飲み会で会ったことがあり
例の生ハム会のときも一緒だったのだ
その翌日夕方まで寝ていたところ彼女から電話があり
?!
あの〜浴衣の着付けをお願いします…
?!!
シャワーを浴びてすっ飛んでいき
オジャマシマス
お宅に上がって着付けをしながらも

…ひょっとして わたし…
約束とか …してた？
ゴクリ…
…はい…
イヤヨオ～～
…って言ってたのに いっこうに連絡がないから… 勇気出して電話を…
ありがと～ございました！
物真似つきで 再現されたにも関わらず 約束したこと自体 全く思い出せない
かわいい
大人って… 信用できないと思いました…
最低の大人だ
ごめんよお
懺悔室
人に迷惑をかける 酔い方をしちゃ だめだよ

PART6

一人飲みを楽しくするマインド

妄想！外飲みシチュエーション

シュワワワワ
バリバリ
天ぷら粉を炭酸水でとくとおいしいんだよね
うめぇな
えび姉直伝
うまいんだぜ
揚げ物といえどのりだから日本酒でしっとりが合うよね～
揚げるそばから台所で食ってたくせに
あ
そうだ炭酸水使っちゃわないと…
(シャレではない)
でもせっかくの日本酒からソーダ割り…？
そうだこうしよう
いいこと考えた
わたし今…居酒屋で日本酒飲んだあと
バーに移動してハイボール頼んだところ！

現実
すてき…
カラン
のしのし
バリバリ
コラ〜ッ
それならば
カティ
フフ…
音と光のイリュージョン…
光らすこともできるスピーカー
←メロウなジャズ
多少の生活感には目をつぶることも必要
・・・・・・・・
これだけだとめっぽう暗い

さて別の日は
えび姉においしい
手作りビシソワもらったよ
今日はビールの
気分だけど
ビシソワだと
ワインとかの
ほうが
合うのかしら？
前菜
スープ
お魚料理
お肉料理
スープって
コース料理だと
たいてい
最初のほうだから…
やーやーや
まぁまぁ
披露宴なら
食前酒飲み終わって
ビールのお酌合戦してる頃だ！
ありだ
おめでとう！
おめでとうー！
クラッシック
灯り
全開
想像力のたくましさは
家飲みの食卓を
豊かにしなくもないですよ

古いもの一掃祭り

アドバルーンて
見かけなくなった

水分が抜けて
いまいちなきゅうりは
中華風炒めものに
しお〜
ズッキーニやゴーヤーとは
また違う加熱したウリ科の食感は
ボリボリ
2本ぐらい軽くいけます
激辛にするもよし
一方
期限切れの
カキのオイル漬け
瓶詰めなのに
なんでこんなに
足が早いのさ
味は問題ないがかたい
蒸せば
柔らかくもどる!
蒸す
←
めんどうくさい
湯かけて
チンしちゃえ
ジャー
ラップ

それなりに柔らかくなった
味も増した
さっきかけた湯にも醤油をひとたらししたらスープっぽい
どんなもんだい
一掃祭りにはとっておきのいただきもののお酒を合わせちゃう
ヘッヘッヘ
日本酒
箱を開けたら〃要冷蔵〃
ガーン
常温で放置してた
はらり
要冷蔵

いたんで
しまった
じゃろか…
うっうっ
しかしそれでも
何ら問題なく
飲めてしまうバカ舌
十分おいしいやんけ
←酒蔵の方々
大切な食材やお酒が
古くなってしまっても大丈夫
古いものも工夫しだい…
いや 気の持ちようで
おいしくいただけるよ！
おなかは
こわさないでね
一人なのに
買いだめるからよねぇ
おかいもの
いかニャすぎ
かき

困ったときの缶頼み

ここんばんは…新久千映です
突然ですが引っ越し疲れにて失礼します…
ここどこよ
これは酒棚が届いてから整理を…
※収まりきる保証なし
ばっ
しかしこういう疲れ切ったときこそ酒を飲みたいのが(酒飲み)人情
仕事で遅くなってしまったときも然り
かといってつまみをきちんと作る気力はない
こういうときの

缶詰め頼み!!
しかし
缶詰めをそのまま
モリモリ食うなんて
絵的にどうズラ
150g|174kcal
こういうときの
ひと手間アレンジ!
ぱっ
開缶!
カプッ
パセリ(市販)かけ!
終了
ええーっ
わずかでも彩りを↑↑《アップ》することで
ひと手間加えた気になって
罪悪感ダウン
近ごろのコンビニ缶は
具もしっかり入って
まんぞくじゃのー
おすすめの文句や
原材料の書いてある
箱のラベルも見ながら
食べるともっと楽しいよ
ちょいちょい
それでいいの?
発泡酒

うっかりは品数の母

手持ちのキャベツの半分を使おう
春キャベツて♪
ざん
お好み焼き作ろうっと
コナ
ブタニク
無心
ざく ざく
ざく ざく
♪〜
ざく
ざく
…….
全

うっかり2倍になった千切りキャベツを
グスングスン
ジャー
ゴッ
ふつう気づくよニャ
ヒソヒソ
ばかねぇ
予定通りお好み焼きにして…
ジュー
残りはこれは…
アンチョビキャベツにでもするか
変な組み合わせ
お好み焼き
アンチョビキャベツ
お好み焼きにはビール
アンチョビキャベツも塩味を濃くすればビールに合うしね

わたしの中に棲む妖精

自慢じゃないけど
家でどんなに酔っぱらっても皿を洗わずに寝たことはないよ！
先日めずらしく家に友達を呼んで飲みまくった
夜も更けて皆も帰り
次の記憶は翌日昼前
あ…？
台所はきれいに片付いてる
いつやったっけ…？
4本

今日はゴミの日だけど
あきらめるか…
と思ったら
生ゴミもちゃんと出してある
猫のお水もエサも
ちゃんと補充してある
いっ？
だれが？！
妖精のしわざ
全然
覚えがない！
外に飲みに行って
たくさんはしごをしたときは
気づいたら朝の5時

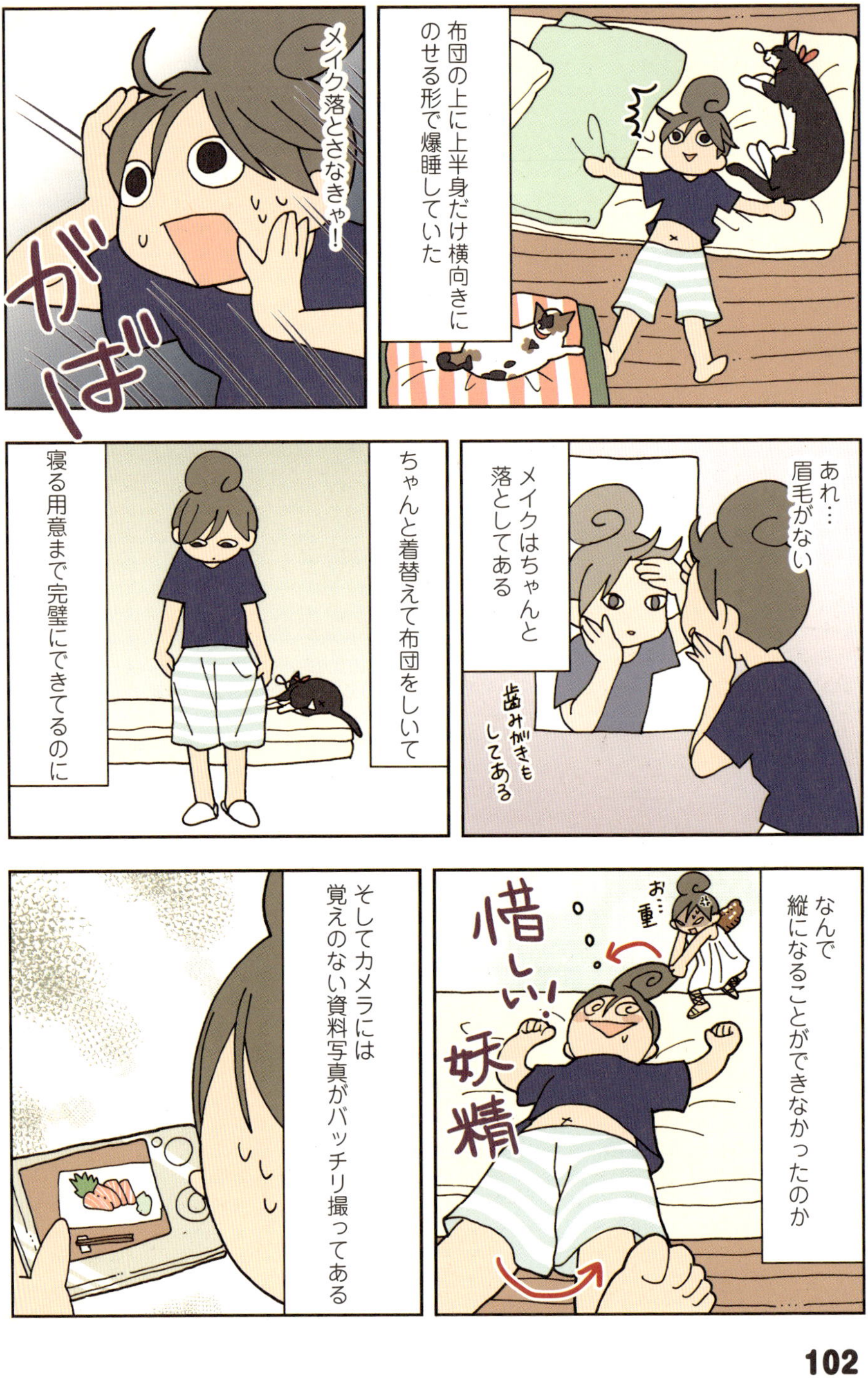
布団の上に上半身だけ横向きにのせる形で爆睡していた
メイク落とさなきゃ!
がば
あれ…眉毛がない
メイクはちゃんと落としてある
歯みがきもしてある
ちゃんと着替えて布団をしいて
寝る用意まで完璧にできてるのに
なんで縦になることができなかったのか
お…重…
惜しい!!
妖精
そしてカメラには覚えのない資料写真がバッチリ撮ってある

若干怖いが
酔っぱらってもちゃんと働いてくれる内なる何かがわたしの中におるのね
家事や取材など軽く働いているのに
働いた感がないなんて…
これっていいじゃん…
得じゃんこれって!!
記憶をなくして何かやらかす前に反省すべきニャ
※いろいろ危ういのでやめましょう
ネームができてる!
あれー読めなーい

一人飲みのメリット

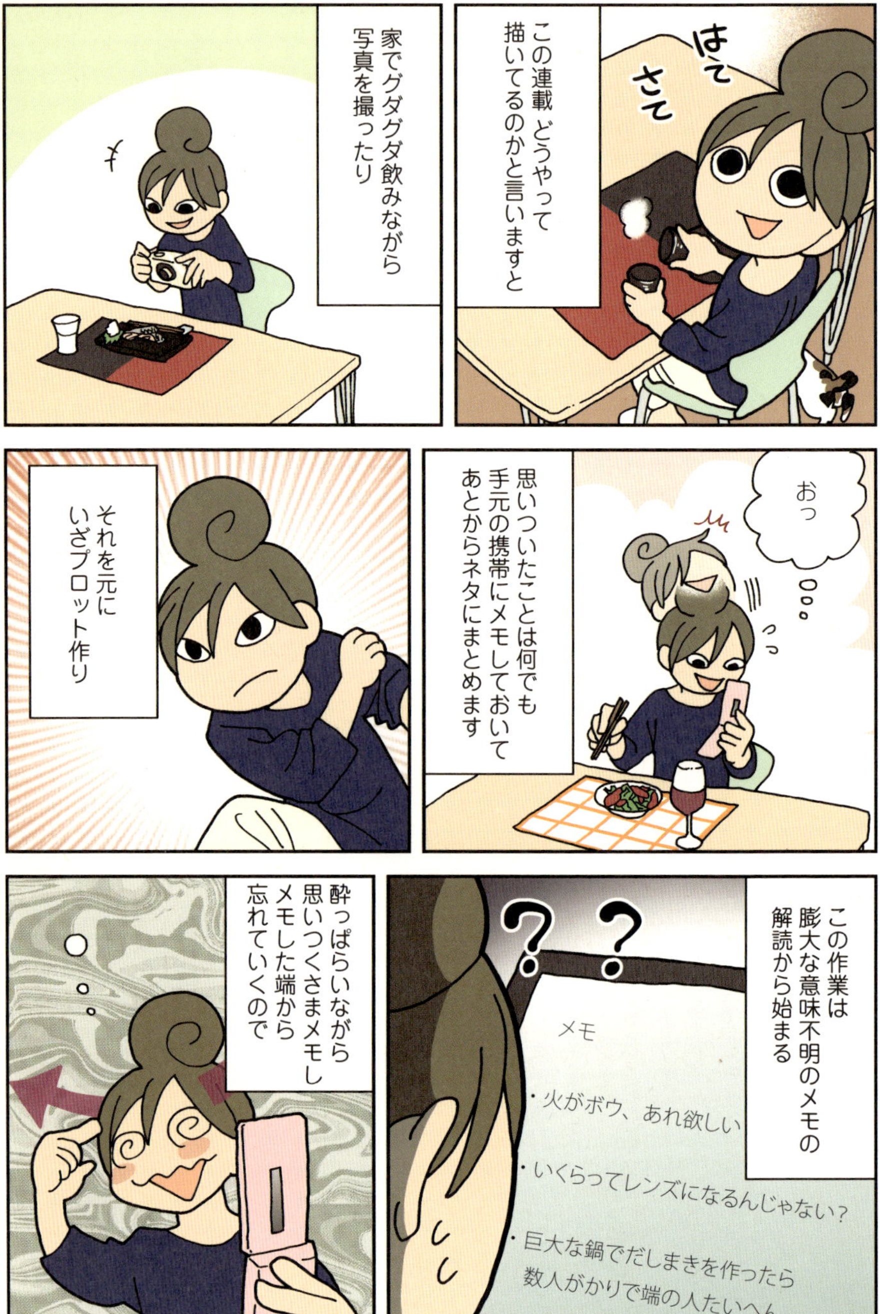
はて
さて
この連載 どうやって
描いてるのかと言いますと
家でグダグダ飲みながら
写真を撮ったり
おっ
思いついたことは何でも
手元の携帯にメモしておいて
あとからネタにまとめます
それを元に
いざプロット作り
この作業は
膨大な意味不明のメモの
解読から始まる
メモ
・火がボウ、あれ欲しい
・いくらってレンズになるんじゃない？
・巨大な鍋でだしまきを作ったら
数人がかりで端の人たいへん
酔っぱらいながら
思いつくさまメモし
メモした端から
忘れていくので

すっごくいいネタ
あったあ
と思ったら
前のメモに全く
同じのがあったあ
ということもしばしば
↑そして往々にして改めて見ると大していいネタではない
つまり家飲みも仕事に直結☆
とか言いながらその実
大半はただ 酒を
喰らっているだけ
こうしていたずらに
時間と酒代を消費し
カロリーを蓄える
一人家飲み…
ででも
家で一人で飲んでるときしか
できないことがあるよ、
それは…
目の前に食べ物があるのに
頬杖をついたりして
ボーーーーッとする
目は遠く→

外飲みでお店の人に作ってもらった料理を前にそんなこと とってもできない
ホゲ〜
自分で作ったもんならちょっとだけおかわりするのも残すのも自由！
何よりこのあと帰らなくてよい！
家で飲んでボーッとしてられるって
何より幸せだな…
こんなときはきまって天国について考える
天国って
きっとおいしいお酒と食べ物があって
大事な人も猫もいて

いくら飲んでも
食べても
なくならなくて
ウヒヒ
そうそう
飲み食いしても
片付けなくてよくて
……
太ったり
酔っぱらって
気持ち悪くなったり
しないところかな
ウン
ウン
これだ
やっすい
天国ね
でもそんな天国も
地上…ふだんの生活
あってこそだよね
心ゆくまで
飲めるのが
もし毎日毎晩だと
そこに
快楽はあっても
ほんとうの幸せは…
…
それは
それで…
いいな…
毎晩か
へへへ
説得力
うすー
『お酒のお時間です』に
お付き合いくださいまして
ありがとうございました！
よいおうち飲みを☆

BEE

特別編
わが街・広島で
飲み上げる♪

潜入!「SAKE in 広島」

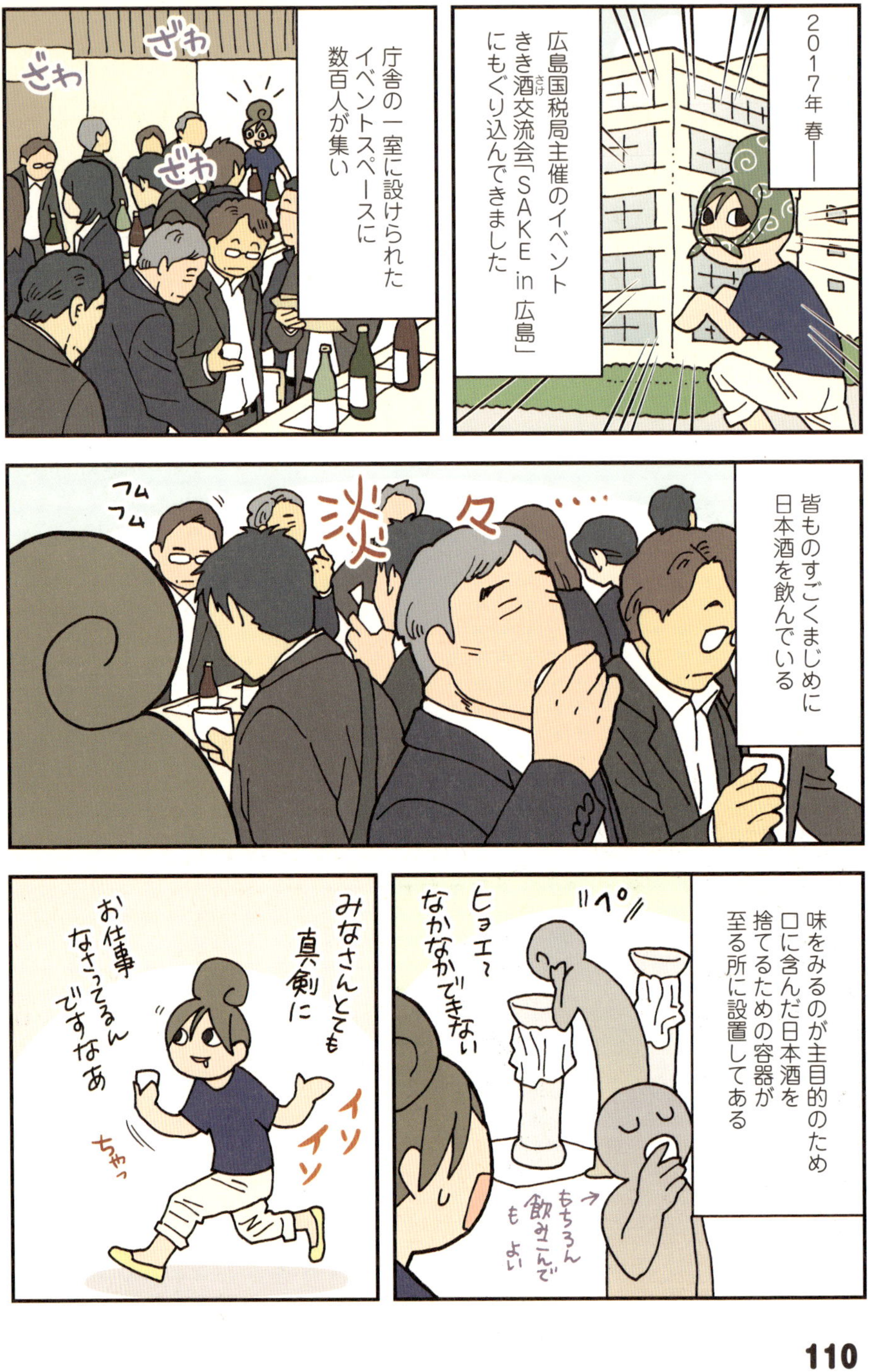

2017年 春――
広島国税局主催のイベント
きき酒《さけ》交流会「SAKE in 広島」
にもぐり込んできました
庁舎の一室に設けられた
イベントスペースに
数百人が集い
ざわ
ざわ
ざわ
皆ものすごくまじめに
日本酒を飲んでいる
フムフム
淡々…
味をみるのが主目的のため
口に含んだ日本酒を
捨てるための容器が
至る所に設置してある
ペ
ヒョエ〜
なかなかできない
もちろん飲みこんでもよい
みなさんとても
真剣に
お仕事
なさってるん
ですなあ
イソイソ
ちゃっ

ワー
し…しかし どれから 飲めるか…
なんせ中国地方5県の清酒製造者から200点ちかく
酒の林
わからないので 高い品から順に 口をつける ことにした
ヘッヘッヘッ
あちらの男性は ○○酒蔵の 社長さんですよ
こっそり
ふつうのスーツ
へえー
国税局 職員さん
実は酒蔵の方が隣にいて 耳をダンボにしているのかと 思うとやや緊張感が高まる
お…おいしゅう ございますなぁ
うまい うまい
アンケートを 書こう
ヘヘヘ
とても 華やかで 香りがよく…
あらっ…
○×酒蔵 華やかで香りの よいのが特徴
アンケート
↑この素人ダンゴが 思いつくぐらいの ことはお酒の 説明に書いてある

ロクな感想が書けない
うわ〜ん
アンケートとは別に熱心にメモを取る人も
ひょっとして小売店や飲食店の方かな…？
カジュアル
料理うまそう
きっとお店に置くお酒を自らの舌で選んでいるんだな
こちらのお酒お肉に合うんですよ〜
名刺ほしい
こうして説明を読んだりして丁寧に飲んでみると…
普段なにげなく飲んでいるどのお酒もコンセプトを持って作られているんだなぁ
作り手の酒に対する愛情と熱意を感じる200本だな

残り時間がわずかとなりましたきき酒《しゅ》もれはありませんか?
！きき酒もれ！
新しい言葉を覚えた
さ
たんまり飲んだことだし
改めて飲みに行きましょ
まだ早い時間なので庁舎近くの立ち飲みで一杯
ひとまずここで一杯やろうか
先ほどのイベントで見かけた人たち
ぞく
ぞく
イベント客
ミナ酒飲ミ
考エルコト
オナジ…
ごちそうさまでした！

理想の店 **花笠商店**（広島市中区流川町7の2）

「あったらいいな」を形に

母親が料理するの
見てるのが
好きだったんですよね
ウン ウン
末っ子同士
ギョーザ
いっしょに
包んだり
コテ
コテ
したした
冷凍しておいて
小腹がすいたら
それを友達に
焼いて出したり
自分が食べたいからでもあるんだけど
し… しない
小1のときです
料理男子
レベル高くない!?
ドキドキ
どんどん食えや
うめー
ワー
こんな男子小学生いる?!!
ちょんまげだし

子どものころから、料理はお手のものという。店主の市川敦士さん（34）は、母親の傍らで料理の様子を眺め、見よう見まねでこつを覚えたそうだ。

「やりたいことをやりなさい」―。自由な家庭環境で育った。25歳で営業職を辞め、向かった先は沖縄。義兄が営む料理店で働いた。広島に戻り、経験を生かして28歳で沖縄料理店を開業。まずまずの評判だったが、沖縄料理だけで勝負することに窮屈さを感じるようになった。

そんな中で気づいたのは、「自分も心から行ってみたい店を作りたい」ということ。広島産のカキや小イワシなどもメニューに加え、「こんな店があったらいいな」を形にした。それがいまの「花笠商店」だ。サラリーマンやカップルで連日にぎわう同店。「安くておいしかった」という感想が何よりの励みだ。

親の教えを守り、やりたいことに向かって突き進む市川さんだが、休業日と営業時間は絶対にずらさない。スタッフにも決まった休みを取らせる。『きつくて薄給』という飲食業界のイメージを払拭《ふっしょく》したいから」。気ままさの裏に、芯の通った経営理念が見え隠れする。

煮込んだスペアリブを炭火焼きにしたもの。
やおい〜
これは頼む!!!
いつもの一品
人気NO.1
花笠焼き
1本 ¥290
大丈夫か!!!

適度な距離感の店 大衆居酒屋ツバメヤ（広島市中区流川町7の29）

客の多く リピーターに

大阪出身で、大手電機メーカーの営業職だった見市《みいち》靖さん(58)。40代後半で内勤に配置換えになり、そのタイミングで会社を辞めた。「人と接する仕事がしたい」のが理由だった。「どうせなら全く違う職種で」と、以前から興味のあった飲食業界を選んだ。

仕事先としたのは、転勤で一時的に暮らしたことのある広島だった。地元で開業すれば、友人が席を埋めてくれるだろうが、それではつまらない。関西の「ノリツッコミ」が広島のお客にはなじみがなく、驚かれてしまうことも。その難しさも含め、うわべだけではない付き合いが、会社員時代には味わえなかった魅力なのだとか。

手軽な酒とつまみを目当てに集う客は、軒並み礼儀正しいように思えた。なあなあの関係ではなく、お互いのプライバシーに配慮し、適度な距離感を保っている。私が店を訪れた際、スペースを融通し合う流れが自然に生まれたのも、こうした関係のなせる業かもしれない。

店の名にある「ツバメ」が示す通り、リピーターとなって再訪するお客が多いという。これもまた、程よい距離感がそうさせているのだろう。

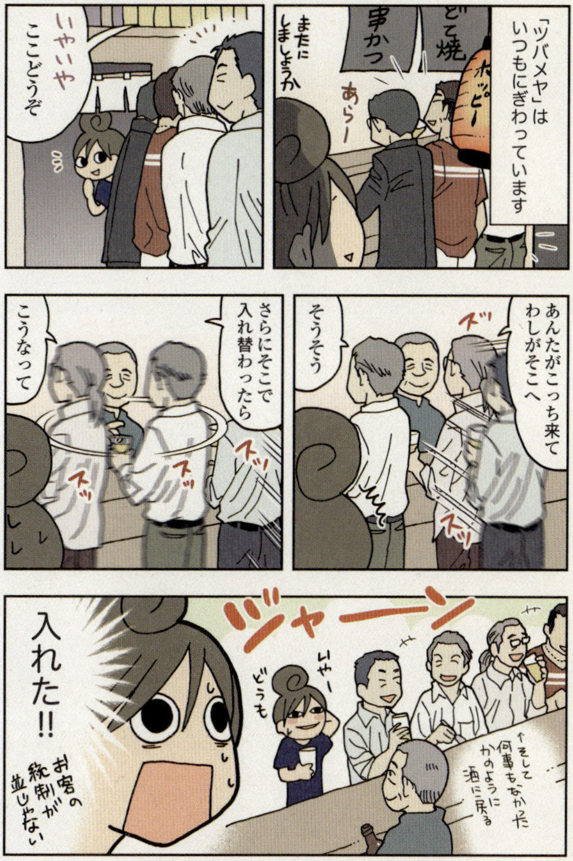
「ツバメヤ」は いつもにぎわっています
ホッピー
どて焼
串かつ
あらー
またにしましょうか
いやいや ここどうぞ
あんたがこっち来て わしがそこへ
ズッ
そうそう
ズッ
さらにそこで 入れ替わったら
こうなって
ズッ
ズッ
ズッ
ジャーン
入れた!!
お客の統制が並じゃない
いやー どうも
↑そして何事もなかったかのように酒に戻る

ツナに玉ねぎとあぶりマヨ
ホッピーやハイボールにぴったり!!
「ワカコ酒」にも登場したよ♡
いつもの一品
ツナ缶マヨ焼き
¥350

巣立ちの店　焼き鳥 かんかんかん（広島市南区出汐1の3の16）

妙味満点「アメとムチ」

仲の良いスタッフ
大学生アルバイトさん
説教は手短に
コリャッ
ピシッ
柔軟なシフト体制
今日はあの子は？
試験だから交代したんですよ
アルバイト自らシフトを組みます
豪華な賄い
私ここで働く！
漫画家やめる〜
ポイ
賄いにお酒は付いてきませんよ
そっか
中國新聞

特徴的な排煙装置の下で鶏肉の串焼きがもくもくと煙を上げる。材料は、店長の北山勝浩さん（50）が、親の代から付き合いのある精肉業者から仕入れているそうだ。家庭の味だったという「鶏すき」「鶏かつ」などが人気の昼定食は、ご飯のお代わりが自由。すぐ傍らにある広島大霞キャンパスの学生たちがおなかいっぱい食べていく。

「夜の部」では、アルバイトの学生が口にする賄いのボリュームが目を引く。しかも、メニューをある程度は選べるというから驚きだ。

北川さんはかつて、全国チェーンの飲食店で多くのアルバイトをとりまとめていた。勤務中の怠慢やごまかしは許さず、容赦なく叱りつけた。よく叱った学生ほど、卒業後も年賀状のやりとりが続いているという。「真面目に頑張っている学生たちだから、ここでは勉強以外の視野を広げていってもらいたい」と話す。

私がこの店に通い始めて数年になるが、見知った顔の学生アルバイトのほとんどが卒業まで勤め上げているようだ。店長の愛ある「アメとムチ」から、それぞれ何かを学び取っていくことだろう。

鶏レバーをこんがり焼いたもの。
野菜もたっぷり
肝好きにはたまらん…！
いつもの一品
キモステーキ
￥550

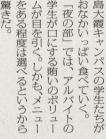

型破りの店 BAR enishi（東広島市西条岡町4の8）

いきなりカクテル作り

オーナー 大谷さん
店長 福岡さん
お二人は正反対って感じですよね
物静かで慎重な性格の福岡さんに対し——
オーナー生ハムをちょっとグレードアップしません？
こう見えてけっこうアニメ好きだぜ
市販パック
ハッキリして思い切りの良い大谷さん
よっしゃ
これ入れるわぁ！
どーーーん
すっかりオーナーを操ってるんだね
やるぅ
いずれこの店を福岡色に染めてやりますよ
フルーツを前面に出したり
ククク
なるほど
この巨峰のマティーニおいしいね
でしょう
私が考えました♡
もともとお店のお客だった福岡くんをお酒でつったんよ
好きなだけ飲んでいいよって
フッ
ちょろいぜ

築約100年の古民家を改装した店内。メインカウンターに立つのは、店長でバーテンダー歴4年の福岡誠太郎さん（34）。「独立まで10年以上」がセオリーとされるこの業界で、出勤初日からカクテルを作り続けている。

「えっ、初日から?」。この型破りな指示をしたのは、オーナーの大谷亮さん（34）だ。かつて修業していた呉市内のバーで、師匠から「実際に道具を触ってなんぼ」というスタンスを学んだそう。確かに、福岡さんの技術は4年目とは思えない。「役割を与えて任せた方が、人は光る」。大谷さんはこう言い切る。

西条の街は、広島大の移転を機に急激に都市として発展した。若者受けする全国チェーンの居酒屋が目立つ中、大谷さんは、カウンター越しに客と静かに語り合えるバーの文化を根付かせたいと考えた。地の利もあって人は集まり、そしてつながっていった。店の名が示すように。

そういえば、私と大谷さんの出会いは共通の友人の結婚披露宴だった。それも「酒まつり」の日。大谷さんは周囲の反対を押し切り、売り上げを蹴って出席していた。ここにも思わぬ縁があったというわけだ。

しっかりした風味のワインカクテルといかが？
ピコスと一緒に食べるとおいしいよ
レギュラーサイズ（¥2,300）もあります
いつもの一品
生ハム（レセルバ）
¥1,300（スモールサイズ）

積み重ねの店　おそ松（広島市中区千田町1の14の5）

食べ次ぐ広島大生の味

千田町の「おそ松」がおいしいよ
へー…
行ってみますぅ
どこで誰に聞いたか忘れたが…
「おそ松」の味は評判になっています
メモ
豊富すぎるメニューは学生向けの食堂の名残
ズラリ
何を食べたらいいんだぁ
うれしい悲鳴
昔のお客さんが久しぶりに寄ってくれたりするとうれしいねえ
学生だったのが立派になって…
当時の学生の後輩たちが今でもサークルの打ち上げでつこうてくれるんよ
35年間！
へー
今頃の学生はあまり酒を飲まんねえ
カクテルとか…
たしかに
わしらの若い頃なんかはスイカに酒ついでまわし飲みしよったが
若い人がおとなしゅうなったわ
それはどうかと
う…うぷ
タップン

35年間、粛々と千田町の変遷を見守り続けてきた店がある。

元々は「いこい食堂」として営業していたが、広島大が東広島市へ統合移転したのをきっかけに、店主の山本喜英さん（68）が、居酒屋に切り替えた。店名は、お客に対する謙遜の気持ちと人気アニメのタイトルに由来する。

店に入ると、メニューの豊富さに目を引かれる。刺身や揚げ物など酒のさかなを取りそろえつつ、食堂時代に好評だったスパゲティや定食も残した。「酒の締めにもなるし、あまり飲めない人にも楽しんでもらえる」と山本さん。スパゲティに掛けるミートソースはもちろん、マヨネーズやポン酢など調味料に至る全ての料理を、長男の智浩《ともひろ》さん（43）と共にきっちり仕込んでいる。

この味を懐かしみ、学生時代に通い詰めていた男性が、スーツ姿でぶらりと立ち寄ることも。それだけではない。東広島キャンパスに移転したサークルにも伝統の店として受け継がれ、折に触れて宴会の会場として予約が入るそうだ。

「最近の学生は、むちゃな飲み方をしなくなったよね」と山本さん。カウンターの中から、優しいまなざしを向け続けている。

ソースは自家製
いつもの一品
ミートスパゲティ
¥700
あっあっ
鉄板でどうぞ

多趣味の店 がんぼう（広島市南区旭2の17の17）

音楽やカープ「好き」だらけ

洋楽ロックの流れる店内には、有名アーティストの写真が所狭しと飾られている。常連客から譲られたというスクリーンには、スポーツ中継が大写しに。広島東洋カープが25年ぶりのリーグ優勝を決めた今月10日には、40人を超すファンが集い、ビール掛けと胴上げで祝った。

店主の小嶋大士《ふとし》さん（35）が好きなものを、これでもかというほど詰め込んだ店だ。

小嶋さんが中学3年生の時、居酒屋を営んでいた父喜佐雄さんが、57歳で亡くなった。音楽や立体造形に関わる仕事に就きたいと考えていたが、父がのこした店をつぶしてしまうのは忍びなかった。定時制高校に通いながら料理の腕を磨き、後を継いだ。

初めのうちはうまくいかず、父の代からなじみだった客も離れがちに。「店主が変われば店も変わる」。そう開き直り、店の雰囲気を、自分の趣味の色で塗り替えた。5年前に始めた「台湾まぜそば」は看板メニューに。いまは新しい店の魅力に引かれた客であふれている。

子どものころから周りを楽しませるのが得意だったという小嶋さんと、奔放な性格の母和子さん（71）との掛け合いも見ものだ。

いつもの一品

台湾まぜそば ¥750

探究心の店 自《じ》彩《さい》菜《な》酒《さけ》処《どころ》 渓《けい》(広島市中区堀川町4の4)

「お勧め」の熱かんや野菜

1杯目
どうっ
しまっ
す
かっ♪
とにかく緊張しない
店主
和宜さん
(愛称 ごんべ)
今日のおまかせプレートです
お酒はこれかな～
野菜は100%自家製
妻 京子さん
(きょんきょん)
お任せすれば料理に合わせてお酒を出してくれるのが酒飲みにはうれしく
熱かんは苦手…
ビール党で…
などと言っていたお客が…
熱かんおいしかったー!
次もかんで!!
この笑顔
大竹にある農園と自宅・店を往復する日々
渓's FARM
お昼ごはん…
お米も100%自家製
こんなに忙しくて大丈夫?
ヒェ～
大丈夫
趣味は着物に自転車にカメラにキャンプ…
釣りとボウリングももっとしたいなあ
もともとフットワーク軽いんです
見習います
夜しか外に出ない

秋も深まり、熱かんのおいしい季節がやって来た。「香りが強すぎて、すぐ酔いが回る」というイメージが先行し、敬遠している人も少なくないのではないだろうか。店主の加島和宜《かずのり》さん(52)の出すかん酒を飲めば、ほとんどのお客が満足して帰っていく。

かん酒がもともと苦手だった加島さん。20年ほど前に知人の勧めで冷酒と飲み比べ、おいしさに気付いた。「温めると、とがった味が柔らかくなる」。その日の料理や気温に合わせ、温度を自在に調整する。扱う酒は「自分が好きで、世間に広めたい」と心から思う銘柄ばかりだ。

食材選びも楽しそうだ。魚は知人の漁師から仕入れ、野菜は妻京子さん(54)と一緒に自前の農園「渓's FARM(ケイズファーム)」で収穫する。「自分が心から食べたい野菜を」と、プランターにキュウリを植えたのが始まりで、今では700平方㍍の広さに。常時、40種類以上の野菜や米を育てている。「良い物を、より多くの人に楽しんでもらいたい」がお店のコンセプト。今後はおいしい肉探しにも乗り出すという。次に訪ねたときは、どんな酒と料理を勧めてくれるのか、楽しみだ。

全て渓's FARM産
季節によりさまざまに楽しめます
麹《こうじ》じょうゆで酒のあてに…
いつもの一品
「野菜の刺身盛り合わせ」
¥680

再起の店　北の味 番屋（広島市南区段原2の1の6）

故郷北海道の旬届ける

大将の尾形勝彦さん（59）が生まれ育った北海道・知床で飲食店を始めたのは、22歳の時。店は繁盛し、銀行からの融資がスムーズに受けられたこともあり、すし店や串揚げ店、喫茶店、クラブと順調に手を広げていったが、突然の経営破綻に追い込まれた。従業員の使い込みが原因だった。

気候が厳しく、大雪の日は商売にならない知床。「暖かい土地でやり直したい」と18年前、義姉の住む広島市へ移り住んだ。ふぐ料理店などで働きながら、必死に資金をためた。

店はことし、開店10年目を迎えた。店の入れ替わりの激しい段原地区で長く続いている理由の一つが、北海道から取り寄せた旬の食材だ。鮮度に注意し、寝る間を惜しんで仕込む。酒の種類も豊富にそろえ、「真冬の北海道では、零下20度の風が吹き付ける。熱かんを飲んでから外に出ると、心地いいんだよ」と懐かしむ。

大きな店舗も事業の拡大も「もうこりごり」と尾形さん。今はとにかく、北海道のおいしい物を、広島の人たちに味わってもらいたいそうだ。再起を懸けた店が成功に向かっていることは、料理に舌鼓を打つお客の表情が表している。

いつもの一品

貝3種盛り

¥3,024

夢の店 **ワイズドッグカフェ ル・ジャルダン**（広島市中区東千田町1の1の52）

「愛犬と食事」かなえる

9年前、娘たちにせがまれて犬を飼い始めたのが、山根由美子さん（55）が店をオープンするきっかけとなった。当時、広島市中心部では犬と一緒に入れる飲食店がほとんどなく、夫の猛生さん（61）と交代で入るか、テークアウトするしかなかった。ゆくゆくは夫婦でレストランを経営したいと考えていたこともあって、「ないなら、自分たちで」と思い立った。

とはいえ、会社勤めで、犬に関する専門知識も飲食店で働いた経験もなかった由美子さん。「愛犬と一緒に食事を楽しめる場所を」という夢を支えに必死に勉強し、必要な資格を取った。

将来の参考にと、ペット関連の店でアルバイトし、東京や大阪のドッグカフェを訪ねた。経営のノウハウや資金面で女性の創業をサポートする市の事業も活用し、5年がかりで開店にこぎ着けた。

ぽかぽか陽気の日は、犬連れの人たちが立ち寄り、交流の輪を広げている。夜はビールやワインのグラスを片手に、猛生さんが作る本格的な欧米料理を楽しむことも。犬だけでなく、猫やウサギもOK。一時預かりにも応じている。ペットとの暮らしを思う存分に楽しんでもらえたらー。夫婦の夢が形になりつつある。

ル・ジャルダンは東千田公園の広島大正門跡を入ったところにあります
マスターの作る本格的なお料理にビール・ワインなども
めっちゃおいしい
サンドイッチやパスタなど
犬用メニューも充実
マスター 山根猛生さん
妻でオーナーの由美子さんはドッグカフェをオープンするためにペットショップで経験を積み
資格を取り
愛玩動物飼養管理士
ペットシッター（犬・猫・小動物）
うちの猫もお世話になっています
出張ドッグカフェなどを経て今に至ります
ほえー
頑張り屋さんですね
夢だったんです
だって…
愛犬とお散歩しつつおいしい食事が楽しめる！最高じゃないですか
W看板犬
ひよりちゃん
コハルちゃん
た・確かに
抱っこさして

※人間用です
いつもの一品
豚バラ肉のシチリア風煮込み
ローストパン添え
¥1,000
赤ワインで3時間以上煮込みます
フェンネルシードの香り…！

代々の店 志ま根（広島市中区銀山町10の10）

故郷への思い 引き継ぐ

店主の鋑直樹さん（49）は島根県川本町出身。店名は古里にあやかった。鋑さんが幼いころ、父修さん（83）が東京で同じ名前の店を出し、約30年前にいまの場所に移った。祖母も曽祖母も飲食店を代々営んできた家系だそうだ。20歳のころ厨房に立ち始めた

鋑さん。当時の店はかしこまった雰囲気で、値段は若干高め。接待で利用されることが多く「高そう」と敬遠する人もいたとか。「うっかりのれんをくぐっても、財布を気にせず楽しんでもらいたい」。店を引き継ぐと、1個300円のコロッケを追加したり、外壁にメニューを張っ

たりと敷居を下げ、より幅広い層の支持を得るようになったという。厨房の奥に目を向けると、若者の姿があった。長男の大樹さん（19）。たまにアルバイトで揚げ物の調理を手伝っているという。「大学では食品関係の勉強をしているようです」と鋑さ

ん。厨房に立ち始めたころの自分と同じ年頃に成長した息子を見守る。連綿と続く家族のつながりと故郷への思い―。大樹さんがそれを引き継いで3代目の店主となるかどうか、気になるところだ。

いつもの一品

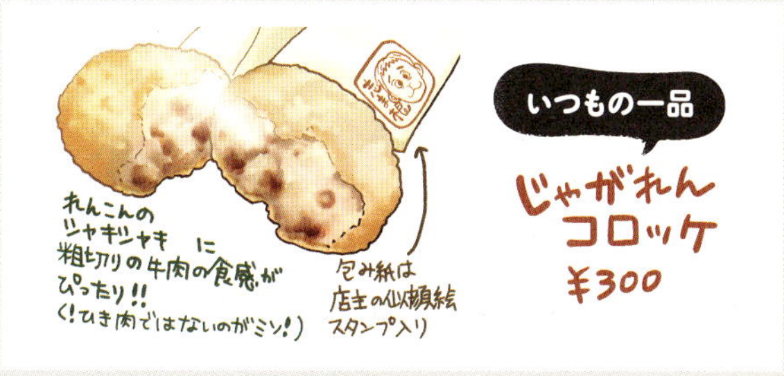

お・ま・け

ツレハナさんとの
スカイプ対談中
つぶちゃんに蹴られて
あご血が出ました。

ひきこもり期間が長いと
久しぶりに飲みに出たとき
ふるまい方がわからず
キョドってしまいます

プロローグの打ち合わせは
「まんぷく広島」が
「広島本大賞」をいただいた受賞式の
あとだったのですが、
打ち上げまで
カトーさんの宿泊しているホテルで
魚のように並んで寝る二人

← そして打ち上げに
おくれた

お読みいただき　ありがとうございました！

メディアファクトリーの
コミックエッセイ

新久千映の お酒の お時間です

2018年 1月 26日　初版発行
2018年 2月 15日　再版発行

著　者　新久千映
発行者　川金正法
発　行　株式会社KADOKAWA
〒102-8177 東京都千代田区富士見2-13-3
0570-002-301(ナビダイヤル)
印刷所　株式会社 光邦

ISBN 978-4-04-069731-4　C0095

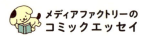